D0679476

THÉATRE XVI

THÉÂTRE XVI

ARRABAL

THÉATRE / XVI

BRÉVIAIRE D'AMOUR D'UN HALTÉROPHILE
suivi de
APOKALYPTICA
LA CHARGE DES CENTAURES

Postface
Le rôle des sécrétions
et excrétions dans le théâtre d'Arrabal
par Luce Moreau-Arrabal

Ouvrage publié avec le concours
du Centre national des Lettres

CHRISTIAN BOURGOIS ÉDITEUR

© Christian Bourgois Editeur, 1986
ISBN 2-267-00468-2

BRÉVIAIRE D'AMOUR
D'UN HALTÉROPHILE

BRÉVIAIRE D'AMOUR
D'UN HALTÉROPHILE

PERSONNAGES

JOB ... Haltérophile d'âge mûr.

TAO ... Dix-neuf ans. Soigneur - masseur -assistant. Beauté d'un androgyne.

EPOQUE : actuelle.

LIEU : a) - un jardin luxuriant qui sert de camp d'entraînement à Job. Ce jardin occupe toute la scène.
b) - La plate-forme où Job, lors des compétitions, soulève les poids. Cette plate-forme est située hors de la scène et dans les hauteurs.

PROGRAMME : On donnera aux spectateurs avec le programme un avis de recherche (« wanted ») rédigé par la police, afin de mettre la main sur Philys, décrite comme une jeune meurtrière de dix-neuf ans, très belle, à la voix mélodieuse, et d'une grande sérénité.

Dans l'obscurité totale, on entend :

Voix de la police. — Avis à toutes les patrouilles du secteur N 23. Un nouveau cadavre d'haltérophile est apparu. Comme bien des fois, l'homme a été poignardé au cœur avec de grands ciseaux. Vous disposez de la fiche de la principale suspecte. On a de solides raisons de craindre qu'elle n'assassine « l'haltérophile » Job quand il tentera de battre le record du monde.

Le rideau se lève très lentement tandis que Job grimpe les barreaux de l'échelle qui mène à la plate-forme. Job est vêtu en « athlète haltérophile » : costume de bain 1900 avec maillot à bretelle, genouillères, large ceinture de cuir autour de la taille, poignets de cuir, chaussettes hautes et chaussures de tennis.

Job grimpe pausément, très droit, l'air inspiré. On dirait qu'il regarde l'horizon comme s'il demandait de l'aide au Firmament.

Il n'entend pas les applaudissements

11

ininterrompus du public. L'ovation se fait plus forte quand Job atteint la plate-forme. Le ring est éclairé. Les haltères, tel un mastodonte, reposent sur l'estrade. A droite, perchée sur une tige d'un mètre de haut, une demi-sphère métallique renferme de la résine qu'utilisera Job pour que la barre des haltères ne lui glisse pas des mains.

HAUT-PARLEUR. — Mesdames et messieurs, nous vous sommes très reconnaissants d'avoir rempli les gradins du Palais des Sports. Nous vous demandons de bien vouloir garder le silence pendant que le champion du monde tentera de battre son record. Tout cri, commentaire ou applaudissement intempestif pourrait nuire à la concentration de l'athlète. Job pourra se livrer à trois essais afin de parvenir à décrocher ce record historique. Selon le règlement de la Fédération Internationale, au cas où Job ne réussirait pas à soulever la barre au cours de sa première tentative, il aura droit à trois quarts d'heure de repos au plus et de préparation pour effectuer une seconde tentative dans les mêmes conditions que la première. Toujours selon le même processus, trois quarts d'heure plus tard il pourra faire un troisième et dernier essai. Les trois tentatives, par conséquent, devront avoir lieu, pour que le record du monde puisse être homologué, avant une heure et demie.

Job, indifférent et concentré, ajuste très lentement sa ceinture de cuir.

HAUT-PARLEUR. — Dans un communiqué publié

ce matin par l'agence Oméga, la Fédération International-
nationale a déconseillé à l'athlète de soulever un
poids ausi considérable. Elle fait savoir qu'elle
ne se considère nullement comme responsable
des accidents ou lésions éventuels dont Job pourrait être victime au cours de sa tentative. D'autre
part, elle s'élève contre les médias et leur goût
du sensationnel qui les pousse à parler de tentative « fabuleuse », « incroyable », « historique »,
rendant ainsi impossible le calme et la sérénité
nécessaire au bon déroulement d'une compétition d'haltérophilie.

> *Ovation du public.*
> *Job exécute quelques lentes extensions*
> *de bras, tout en respirant profondément.*

HAUT-PARLEUR. — L'épaulé-jeté est un exercice en deux temps. Le premier consiste à soulever la barre du sol jusqu'à hauteur des épaules.
Alors seulement, dans un second temps, l'athlète
doit hisser les haltères et les tenir au bout des
bras. Pour que l'essai soit homologué par la
Fédération Internationale, les bras de l'haltérophile doivent demeurer quatre secondes parfaitement immobiles, une fois la barre dans cette
position. De même, les jambes et les pieds
resteront dans une immobilité totale pendant
ces quatre secondes. Ce n'est qu'à ces conditions
que le record est reconnu. A partir de cet instant,
mesdames et messieurs, silence complet. Seul
l'athlète pourra le briser par quelques paroles
d'auto-encouragement ou des méditations à voix
haute pour se concentrer, chose très fréquente
dans ce sport.

Silence.

*Job se frotte abondamment les mains avec
la poudre de résine. Il exécute cette
cérémonie avec une grande concentration, fixant un point dans le lointain.
On entend s'écouler les secondes comme
des battements de cœur.*

JOB (*se parlant à lui-même, comme s'il priait*). —
C'est l'esprit qui gouverne mon corps. (*Il respire.*)
Je ne demande rien... Dieu sait ce qui est néces-
saire à l'homme...

*Il frappe une fois dans ses mains et
fait une révérence.*

JOB. — Je rends grâces à Dieu... d'exister... de
l'existence du monde... de l'existence de ces haltères et surtout d'avoir créé Phylis. Grâce à elle
j'ai découvert dans mon ventre où se trouve le
centre de gravité de mon énergie, où se conju-
guent les lois de l'esprit et du corps ; où le
physique et l'âme s'unissent et communient.

*Tandis qu'il prononce cette dernière
phrase, il se frotte un court moment exactement deux centimètres au-dessous du
ventre.*
*Il frappe une seconde fois dans ses mains
et fait une deuxième révérence.*

JOB. — Je rends grâces à Dieu... d'avoir permis
que par l'intermédiaire de Phylis me parvienne
le savoir traditionnel, la science immémoriale
de la domination de l'énergie... en une chaîne
ininterrompue depuis l'origine des temps... trans-

14

mise de maître à disciple... pour arriver jusqu'à
moi grâce à Phylis.

*Il se frotte les jointures des doigts avec
la poudre de résine, lentement, avec appli-
cation et mesure.*

JOB. — Chaque mouvement de mes mains commence au bout de mes doigts et se prolonge
dans l'infini. Comme Phylis me l'a dit, les pieds
fixés au sol je soulèverai ce poids avec mes bras
jusqu'à traverser le ciel. Ainsi je représenterai
l'équilibre fragile, profond, indestructible, que
je devrai être.

*Il respire très lentement, mais profondé-
ment...
Il se dirige vers la barre et s'arrête face
à elle.*

JOB. — Cet exercice auquel tant de fois je me
suis essayé... devra surgir de mon inconscience
libre et spontanée, naturel enfin. Je saisirai la
barre et je la soulèverai en suivant le rythme
qui scande la proportion, l'ordre, l'amour de
l'harmonie et l'équilibre universel... hors du
temps.

*Job s'incline et pose ses mains sur la
barre en deux points équidistants. On
dirait qu'il mesure millimètre par millimètre la position exacte de ses mains
jusqu'à atteindre un point précis. Penché
au-dessus de la barre, il médite.*

JOB. — Barre ! Barre d'acier ! Comme Phylis
me l'a demandé je vais te soulever d'une pous-

sée dans laquelle je vais m'engager tout entier, corps et âme. Je mesure des yeux l'effort d'arrachement... J'aimerais, comme le suggère Phylis, pour libérer brusquement mon énergie, dépasser les techniques que mes maîtres m'ont apprises... et redevenir le novice que j'étais il y a des années lorsque, pour la première fois, j'ai touché aux haltères.

Job d'un brusque effort lève la barre à la hauteur de ses épaules. Il y prend appui.

Il halète, presque asphyxié par ce très violent effort.

JOB. — Respiration... dominer la respiration... le souffle... l'énergie de mon ventre... Je suis le témoin, avec Phylis, à travers cet effort si gigantesque qu'il semble devoir me tuer, de ma naissance, de ma conception, de ma gestation... L'exploration de ma naissance me permet de plonger dans les vies de tous les ancêtres...

Job respire avec une très grande difficulté.

JOB. — Je soulèverai la barre comme Phylis me l'a dit, si je parviens à changer ma respiration en concentration... ma concentration en énergie... et mon énergie en infinie maîtrise du temps.

Silence et immobilité.

Pendant quelques secondes on entend seulement le battement tellurique de l'aiguille des secondes.

Enfin Job hisse la barre au-dessus de sa

tête. Il tend les bras, mais ils ne répon-
dent pas. Ils tremblent, s'agitent.
Ses jambes, déséquilibrées, bougent. La
barre tombe brusquement à terre. Job
reste quelques instants penché au-dessus
d'elle, abattu, comme si les haltères
l'avaient vaincu.
Commentaires dans la salle des specta-
teurs déçus.

HAUT-PARLEUR. — Après cette première tentative ratée le champion comme vous le savez
disposera de trois quarts d'heure de repos pour
recommencer... Il passera ces 45 minutes dans
la salle d'entraînement et de repos.

Job descend par l'échelle et entre en
scène.
Elle s'éclaire à son entrée.
C'est un jardin avec un ciel d'un bleu
immaculé à l'horizon sur lequel se détache
une haute montagne enneigée et des ceri-
siers en fleurs plus proches.
On dirait une estampe japonaise.
Un ruisseau coule au loin entre les arbres
et disparaît à quelques mètres du jardin-
scène.
Massifs de thuyas et de lauriers, plates-
bandes avec pensées, lys et dalhias.
Au milieu de la pelouse, une table de
massage.
A droite, par terre, une forme volumi-
neuse (un cadavre ?) recouverte d'un
voile.
On entend constamment le paresseux mur-
mure du ruisseau, ininterrompu.

17

*Job entre en haletant et en titubant après
son violent effort et se couche sur la
table.*

*Il se passe une serviette sur le visage et
respire, épuisé.*

*A gauche entre Tao. Il porte à la main une
paire de chaussures à talons hauts, une
robe et des lunettes de soleil. Il traverse
la scène.*

Il ressort à droite.

*Il entre à nouveau par la gauche et ne
porte plus à la main ni chaussures, ni
robe, ni lunettes.*

*Il prend une serviette sur la table parmi
d'autres et s'en sert pour éventer le corps
de Job.*

JOB (*le visage caché par la serviette*). — Pourquoi ne m'as-tu pas apporté l'éponge comme
toujours... ?

*Tao se retourne et regarde de tous côtés.
Il trouve enfin l'éponge sur un rebord
placé sous la table.*

*Il la met dans la main de Job qui la jette
à terre sans violence, le visage toujours
caché par la serviette.*

JOB. — Mais qu'est-ce que tu fais, Jevypetin ?
TAO. — Je ne suis pas Jevypetin, je suis Tao.

*Job ôte la serviette et regarde Tao, intri-
gué et surpris, mais cordial, sans se redres-
ser, couché sur la table. Au contraire, Tao
regarde Job avec mauvaise humeur, d'un
air revêche.*

18

Job (*étonné*). — Mais... et mon assistant ?

Tao (*sèchement*). — La Fédération m'a demandé de le remplacer.

Job (*avec gentillesse*). — Comment ne m'ont-ils pas prévenu ?

Tao (*tranchant*). — C'est moi, justement, qui vous l'annonce... Je suis chargé de vous aider au cours de vos deux prochaines tentatives.

Job (*conciliant*). — A vrai dire... la Fédération... ne m'avait pas habitué à un procédé si... mais enfin... Béni soit le Saint Nom de Dieu.

Tao (*blessant*). — Votre tentative ratée vous a mis en rage... C'était la première... C'est presque normal que vous n'ayez pas réussi... Vous n'étiez pas encore en condition.

Job (*comme une évidence tranquille*). — Si, j'y étais.

Tao (*pontifiant et mal élevé*). — Je veux dire que pour échauffer vos muscles vous aviez besoin d'une meilleure préparation...

Job (*patient*). — Mes muscles ?... J'ai raté parce que mon esprit s'est dispersé au dernier moment.

Tao (*ironique*). — Votre esprit ?... Enfin moi je ne suis qu'un assistant à votre service... et rétribué par la Fédération... mais... excusez-moi (*extraordinairement agressif*) : on ne peut soulever près d'une demi-tonne d'acier par la seule opération du Saint-Esprit.

Job se redresse et, surpris, contemple Tao un bon moment.

Job (*lentement, avec douceur*). — Le soulèvement du poids est un exercice du pouvoir de l'âme... et de l'esprit... Vous l'apprendrez peu à peu.

Ils se regardent un long moment en silence avec une certaine tension non exempte d'agressivité en ce qui concerne Tao, d'étonnement et de miséricorde pour ce qui est de Job.

Tao (*rompant un silence crispé*). — Voulez-vous que je vous fasse un massage ?

Job. — Je ne le supporte pas aussitôt après un effort aussi violent. Je vous en remercie infiniment.

Tao (*avec rancœur*). — C'est le premier jour que je suis à votre service... Je ne peux pas savoir...

Job (*conciliant*). — Dites-moi... si je vous dérange... si ce travail ne vous plaît pas... je ne dirai rien à la Fédération. Vous pouvez partir... et je vous en remercie...

Tao (*sans l'écouter*). — On vous a téléphoné il y a six minutes.

Il tire un papier sur lequel il a annoté le message... comme s'il avait pu l'oublier.

Job. — Qui ?

Tao (*il change exprès de conversation*). — Comment voulez-vous que je vous aide pour la seconde tentative ? (*avec une virulence cynique*). Je suis ici pour vous servir.

Job (*rêveur*). — Qui a appelé ?... Etait-ce une femme ?... Phylis ?... Que veut-elle ?... Dites-moi... Vous a-t-elle dit qu'elle revenait tout de suite ?... Où puis-je l'appeler ?... Elle vous l'a dit ?

TAO (*lisant la note*). — On vous prévenait que l'haltérophile Gary Osborne...

JOB (*sans malice*). — Osborne, non, Osbourne.

TAO (*offensé*). — Oui, Osbourne...

JOB. — Alors Phylis n'a pas appelé ?

TAO. — Ce n'était pas une femme... c'était la police.

JOB. — Osbourne... Il est mort, n'est-ce pas ?

TAO. — Comment l'avez-vous deviné ?

JOB (*inspiré et nostalgique*). — Je suis sûr qu'il s'est suicidé... Le véritable courage consiste à vivre quand il est juste de vivre et à mourir seulement quand il faut mourir. L'idée qu'il est absurde de mourir sans avoir atteint son but est frivole et méprisable. Osbourne avait sans doute choisi entre vivre et mourir.

TAO. — Pourquoi me parlez-vous avec une telle agressivité ?

JOB (*cordial et disposé à transiger*). — Aucune agressivité... Osbourne a été mon premier maître... C'est, je veux dire, c'était mon meilleur ami. Vous êtes peut-être surpris que sa mort ne m'attriste pas. Mais c'est que je me souviens qu'il me disait : « la vie est un don de Dieu, il ne faut pas l'exposer inutilement, mais si l'équilibre universel et intérieur exigent qu'on cesse de vivre, l'homme de courage accepte la mort et se suicide. »

TAO (*agressif*). — La Fédération me paie pour que je masse vos muscles, j'essuie votre sueur, je lace vos chaussures... et non pas pour écouter vos élucubrations sur le suicide. (*Lisant le papier.*) Vous connaissez Phylis ?

JOB (*ému*). — Bien sûr... Phylis... Je vous en ai parlé... C'est...

TAO (*grossier*). — Votre pouffiasse !

JOB (*poète*). — Phylis... si vous saviez... quand je suis avec elle j'ai l'impression de m'intégrer à tout ce qui m'entoure.

TAO (*vulgaire*). — Vous la baisez un max, non ?

JOB (*sans perdre son calme*). — Je ne me suis pas bien expliqué. Quand Phylis est loin de moi comme maintenant, les instants me semblent si longs... En sa présence je dialogue avec elle non seulement avec ma bouche et avec ma raison, mais aussi avec mes oreilles et avec mes yeux. Mais quand elle s'éloigne... absente je la perçois à distance de mes sens éteints.

TAO (*blessant*). — Vous l'avez bien dans la peau.

JOB (*sans se troubler, authentique*). — Comment vous dire ? En réalité je sépare le désir de l'amour... je le réprime... je le module... je ne le supprime pas... j'en prends soin... je le choie même... je pratique la continence même quand mon désir reste enflammé. Cette rude abstinence illumine ma chasteté et me donne libre accès à toutes les joies spirituelles.

TAO (*en colère, explosant comme un hystérique*). — Quand allez-vous finir de me traiter de cette façon... Moi je vous agresse et au lieu de répliquer comme je le fais vous faites le doucereux comme si vous étiez ermite du désert... J'en ai assez de vous entendre... Vous n'êtes qu'un puits d'orgueil... N'importe qui à votre place et avec votre force m'aurait cloué le bec d'une mornifle et particulièrement quand je réserve toute ma bile pour votre petit cœur en sucre à qui, d'après ce que vous dites, vous vous abstenez de fourrer le manche.

JOB (*comme illuminé et heureux et comme s'il s'adressait à l'interlocuteur le plus courtois*). — N'allez pas croire, l'abstinence a aussi un caractère sensuel. Pour moi, c'est le ressort de la clairvoyance et de l'extase... et, par ricochet, de la luxure.

TAO (*avec une effronterie salace*). — Mais si votre nana ou paillasse ne vous la suce pas, d'où peut bien sortir, bordel, cet amour si gnangnan que vous dites lui porter ?

JOB (*heureux*). — Mon amour, n'en doutez pas, a ses racines les plus profondes dans le corps de Phylis... Ma chasteté reste soumise à la conscience de ce que serait la jouissance.

TAO (*provocateur et rusé*). — Ce qui doit se passer, c'est qu'il doit vous falloir des ballonnets pour qu'elle se soulève... ça arrive à beaucoup d'athlètes, ils ont tant de muscles dans les biceps qu'ils n'ont plus de jus pour alimenter la bavette entre les jambes.

JOB (*argumentant avec plaisir*). — Quand je pense à Phylis... je sais ce que c'est que de renoncer à l'amour par amour.

TAO (*vulgaire*). — Ça doit être aussi réjouissant que de recevoir le couvercle d'une cantine sur les couilles.

JOB (*radieux d'avoir trouvé la réponse*). — Le renoncement c'est aussi de l'amour.

TAO (*avec défi*). — Alors quand elle est là devant vous au pied du canon et à poil...

JOB (*raisonneur*). — Je ressens les tribulations de la chair quand je la regarde dans les yeux... mais l'esclavage qu'ils me proposent me souillerait.

TAO. — Cessez de planer dans la stratosphère

des nigauds... (*féroce*) Votre maître Osbourne ne s'est pas ôté la vie... On la lui a ôtée... d'un coup de ciseaux dans le cœur.

JOB (*abattu, comme se parlant à lui-même*). — ... comme Legal.

TAO. — Comme tant d'autres haltérophiles... C'est une épidémie pire que la fièvre porcine.

JOB. — Mais... qui l'a tué ?

TAO. — Votre « amour » Phylis.

Job, paralysé pendant quelques secondes, avance enfin vers les massifs et se place derrière eux. On n'aperçoit que sa tête et sa lente démarche.

TAO. — Eh !... Il ne vous reste que vingt-deux minutes pour votre seconde tentative... Le temps passe... Bien que pour moi je m'en branle.

Derrière les massifs Job est en train de composer un bouquet de fleurs avec un soin infini. On dirait qu'il recueille les fleurs plus qu'il ne les cueille.

TAO. — Ne pensez plus à cette radasse... C'est ce que la Fédération m'a recommandé de vous dire.

Tao profite de ce que Job lui tourne le dos et choisit des fleurs parmi les plus belles pour monter sur la table de massage et faire signe par gestes à quelqu'un qui se trouve à gauche et en dehors de la scène, jusqu'à ce qu'un message soit transmis. Il reçoit probablement une réponse puisqu'il hoche la tête pour mar-

24

quer son approbation et il saute de nou-
veau à terre.
Entre Job qui met le bouquet dans un
vase.

TAO (*trouble-fête*). — Arracher des fleurs ; les assembler et puis les fourrer dans une gourde, c'est une manière comme une autre de se concentrer... Et pourtant, je ne l'avais jamais vue... Chaque champion a sa méthode... (*Pause, puis il se met en colère.*) Vous ne m'écoutez pas ?... Vous ne voulez pas m'écouter ?

JOB. — Je vous écoute... Excusez-moi, j'étais un peu abasourdi.

TAO. — Et qu'est-ce que vous traficotez, bordel, avec cette poignée de fleurs ?

JOB. — C'est pour elle.

TAO. — Pour Phylis ?

JOB. — Oui, pour Phylis.

TAO. — La meurtrière de votre maître !... La Fédération m'a demandé de vous protéger d'elle et d'avertir la police dès qu'elle apparaîtra.

> *Job dispose les fleurs dans le vase avec*
> *art, coupant les tiges, ajoutant des bran-*
> *ches avec des feuilles. Il est très absorbé*
> *par la composition d'un bouquet de vir-*
> *tuose.*

TAO (*belliqueux*). — Dans quel antre se cache votre fameuse Phylis ?

JOB (*patient et fasciné*). — Je vous dirai que j'ai le sentiment de l'apercevoir quand elle est loin de moi. Quand elle s'éloigne de moi je vis habité par deux corps, l'un qui reste à l'endroit où elle se trouve, et l'autre qui s'achemine vers

25

elle. C'est mon messager. Je le vois sortir de mon cœur et planer, voler et atterrir à l'endroit où elle est.

TAO (*vindicatif*). — C'est une meurtrière sans principes ni entrailles.

JOB. — Alors permettez-moi de prier pour elle.

> *Job entre de nouveau dans les massifs, psalmodiant à voix haute. Il frappe dans ses mains, il fait des révérences... il s'abîme dans ses oraisons que l'on ne parvient pas à comprendre. Sauf sa nuque, le reste de son corps disparaît aux yeux du spectateur.*
>
> *Tao s'assure que Job est en train de méditer « hors du monde » pour lever le voile qui recouvre la forme cachée à droite sur le sol.*
>
> *Apparaît le corps d'un homme mort vêtu exactement comme Tao. Il a une paire de ciseaux plantée dans le cœur. Tao les arrache. (On continue à écouter les prières de Job.)*
>
> *Tao recouvre le cadavre. Puis il nettoie minutieusement le sang qui se trouve sur les ciseaux avec l'une des serviettes de Job.*
>
> *Tao cache les ciseaux dans un vaste pot de fleurs et vérifie qu'ils se trouvent à portée de main... et que Job ne l'observe pas. Job et Tao dialoguent jusqu'à la page 25 et pendant tout ce temps, grâce à des bambous qu'il emboîte les uns dans les autres, Job va fabriquer lentement et comme distraitement trois grands mâts.*

A l'extrémité de chacun d'eux, il accroche un petit fanion de couleur safran. Il place ces mâts presque les uns à côté des autres à droite de la scène. Pour les confectionner, il arpente le jardin d'un bout à l'autre. Tao l'observe avec inquiétude, spécialement quand il manque de tomber par trois fois, sans s'apercevoir de rien, à cause du cadavre caché sur le sol.

TAO. — Est-ce la première fois que la Fédération vous envoie comme assistant un castrat ?

JOB. — Vous avez dit castrat ?

TAO (*rageur*). — Qu'avez-vous contre nous ? Notre voix ne vous plaît pas ? Nous vous répugnons ?

JOB. — La Fédération ne m'envoie jamais d'assistant pour la simple raison que depuis des années je n'ai pas changé de soigneur. C'est pourquoi j'ai été si surpris, d'abord qu'il parte sans rien me dire, puis que la Fédération le remplace sans me consulter. C'est un collaborateur exceptionnel.

TAO (*agressif*). — Et moi je suis une brute sans cervelle. Vous le préfériez à moi.

JOB (*innocent*). — Je ne voulais pas dire ça.

TAO (*sournoisement*). — Vous étiez habitué à ses mains, à ses massages et à ses frictions.

JOB. — Quand je me prépare à une compétition ou à une tentative de record je ne sens pas mon corps.

TAO. — Vous aimiez sa voix.

JOB. — Il parlait si peu !

TAO. — Son parfum ? Son odeur naturelle ?

JOB. — Je n'avais pas remarqué que...

27

TAO (*nerveux*). — Et le mien ?

Job prend une aspiration, concentré.

JOB (*heureux*). — Mais c'est vrai que vous sentez... le...

TAO. — Nous les castrats nous dégageons un doux arôme de fleur de lys (*violent*). Certains athlètes trouvent cette odeur écœurante.

VOIX DE LA POLICE (*haut-parleur*). — Avis aux patrouilles 3, 7 et 25 : surveillez toutes les entrées du Palais des Sports. Une femme de dix-neuf ans, très belle, avec un air très calme et qui est accusée d'avoir tué plusieurs haltérophiles d'un coup de ciseaux en plein cœur va tenter de pénétrer dans l'enceinte. Elle a annoncé qu'elle va tuer le champion Job tandis que se déroule sur scène devant le public sa tentative de battre le record du monde, ou bien pendant qu'il se repose dans son jardin d'entraînement.

TAO. — Vous avez entendu ?

JOB (*convaincu*). — Phylis ne mettra jamais ma vie en danger.

TAO. — Pourquoi veut-elle vous tuer ?

JOB (*calmement*). — La police se trompe.

TAO (*mordant*). — Vous n'allez pas nier qu'elle a tué votre maître Osbourne ?

JOB (*inspiré*). — Montaner, un virtuose du sabre... Un soir il entre dans une taverne où ses ennemis étaient en train de conspirer pour le tuer. D'un coup de sabre horizontal Montaner coupa en deux une lanterne et la bougie allumée qui se trouvait à l'intérieur. Puis il leva la lanterne et montra qu'il avait coupé en deux et la lanterne et la bougie, mais sans leur faire

28

perdre leur structure. A partir de cet instant ses ennemis le vénérèrent.

TAO (*ironique*). — Et quand Montaner s'est réveillé il avait la main plongée dans le pot de chambre.

JOB (*tranquillement*). — ... Tandis que la lanterne et la bougie bien droites...

TAO (*lui coupant la parole*). — Je sais, je sais. Avec votre histoire du temps de ma Mère l'Oye pour arriérés mentaux vous voulez dire que Phylis, quand elle plante un morceau de ciseaux gros comme ça entre la poitrine et le dos de vos amis haltérophiles, ceux-ci meurent en criant « Vive le clergé même s'il est militaire », « Ces ciseaux sont le plus beau jour de ma vie ».

JOB (*comme s'il n'avait rien entendu, radieux*). — Un autre jour Montaner allait à cheval et comme il se sentait fatigué il s'approcha de la fontaine d'un temple et lava les pattes de l'animal. Le cheval mourut comme si la foudre l'avait terrassé : Montaner comprit qu'il avait lavé les pattes de son cheval dans une fontaine réservée à la purification des fidèles.

TAO (*insolent*). — Et pourquoi ne m'en racontez-vous pas une avec des Indiens, où Montaner serait soumis au supplice du pal. (*Sinistrement*) Mais elle, elle vient pour vous tuer.

JOB. — Regardez ce doigt... Vous voyez la cicatrice ?

TAO (*agressif*). — On vous a fait le coup du supplice du pal dans ce doigt-là ?

JOB. — Phylis m'a demandé de signer de mon sang que je ne révélerais rien de ce qu'elle allait m'apprendre... Je le lui ai juré avec mon sang.

TAO. — Et vous l'avez trahie !

JOB (*de bonne foi*). — Non.

TAO. — Vous m'avez déjà raconté une partie du secret... et vous m'avez même montré la cicatrice.

JOB (*absorbé en lui-même*). — Quand j'observe avec elle les phénomènes de la Nature... je découvre la substance de Dieu. Quand avec elle j'observe le fonctionnement impeccable de l'Univers je découvre l'énergie de Dieu. Quand avec elle j'observe la mentalité des êtres vivants je découvre l'âme de Dieu.

TAO. — Vous êtes un blasphémateur. (*Moqueur*) Et elle... Elle est Dieu aussi ?

JOB. — Phylis pour moi donne vie à tout ce qui existe. Puisque rien n'existe sans amour. Phylis contrôle mon esprit, elle m'attire à elle et à l'intérieur de moi-même.

TAO. — Quand allez-vous cesser de jouer avec ces bambous comme un enfant, et quand allez-vous commencer à vous préparer pour la deuxième tentative ?

JOB. — Quand Phylis dit « i »... j'entends les cinq sons de la création.

TAO. — Et quand elle dit « prout » ?

JOB. — « i » est le son originel. Dans la Genèse, on explique : « Au commencement était le Verbe et le Verbe était Dieu. » Les autres voyelles A, E, O et U sont les quatre étapes du développement de l'énergie et de la création du monde subjectif et formel. Le reste n'est que rythme.

TAO (*imitant grotesquement*). — iiiiiiiii ! ça ne donne pas une musique céleste mas le sifflement d'une vipère qui tue avec son venin.

JOB (*rêveur*). — On peut imaginer que quelqu'un précipite amoureusement la mort d'un être aimé pour se réconcilier éternellement avec lui.

TAO (*comme une insulte*). — Je suis à votre service ! C'est un ordre de la Fédération... Et il faut bien que je supporte...

JOB (*sans l'entendre... dans la béatitude*). — ... Il existe un temps que l'on peut mesurer entre le moment où un être décide « à cet instant » d'enfoncer un poignard dans le cœur et le moment où il le fait : un temps infinitésimal... qui est comme le voile qui sépare la perception de la réalité.

HAUT-PARLEUR. — Mesdames et Messieurs du Palais des Sports, dans quelques minutes le champion Job montera sur la plate-forme pour effectuer la seconde tentative afin de battre son fabuleux record. Comme vous avez pu le voir grâce au film vidéo au ralenti qui a été projeté sur l'écran de contrôle, Job a réussi à hisser ce poids énorme à la hauteur de ses épaules avec une facilité stupéfiante. Une faute de concentration, une distraction infime dans la seconde partie du mouvement lui a fait donner une impulsion légèrement trop forte avec la main droite ou avec la gauche. Cette disparité entre les efforts des deux bras a provoqué un déséquilibre qui l'a conduit à un échec. Mais nous ne doutons pas qu'au cours de la seconde tentative il battra le record et obtiendra une extraordinaire victoire.

Tao s'agenouille aux pieds de Job et palpe une de ses cuisses d'une manière obscène, et cependant Job ne remarque rien.

31

TAO. — Ce muscle... Vous ne le voyez pas ?...
Il faudrait que je vous masse la cuisse.

> *Une flèche traverse la scène et vient se planter dans un arbre. Elle vibre. A son extrémité pend un ruban.*

TAO. — On nous assaille !

> *Job se précipite vers l'arbre et arrache le ruban. Un message y est écrit et il le lit.*

TAO. — Que se passe-t-il ?

> *Job plante le dernier fanion sur le troisième mât et l'agite comme pour faire des signaux.*

TAO. — Mais qu'est-ce que vous faites ?
JOB. — C'est un signal... Phylis est dehors...
Elle veut entrer et elle ne peut pas.
TAO. — Il faut l'en empêcher.
JOB. — Avec ce drapeau je lui dis que je suis prêt.
TAO. — A mourir.
JOB. — A la recevoir... Le cœur est mon centre d'irradiation vitale. C'est pour cela que je l'aperçois à présent qu'elle est invisible à mes sens. L'œil du cœur est si clairvoyant !
TAO. — Et celui du cul ?
JOB (*serein*). — Je puis la regarder immobile pendant des heures... sans penser à rien... mes yeux dans les siens. Je pourrais la regarder pendant des jours... Eternellement heureux.
TAO. — Dans les limbes des imbéciles.
JOB (*tout à son affaire, heureux*). — Je la

32

regarde sans contempler en elle rien de particulier ou de tangible... Comme si je me promenais dans l'infini.

> *Tao avec beaucoup d'ostentation tire un mouchoir de soie d'un bleu turquoise.*

TAO. — Il faut que vous ouvriez les yeux pour regarder toutes les choses tangibles qui vous entourent si vous ne voulez pas vous casser le cou.

> *Tao fait tournoyer d'une manière artificielle le mouchoir sous le nez de Job... pour le lui montrer.*

JOB (*sans le voir*). — Je puis capter le message amoureux que son corps et son âme m'envoient systématiquement même quand elle se trouve à la plus grande distance.

> *Tao enfin lui signale le mouchoir.*

JOB. — Mais... c'est le mouchoir de Phylis...

TAO (*comédien*). — Tous les mouchoirs se ressemblent... comment pouvez-vous supposer... que...

JOB. — Je suis sûr que c'est le sien. Les femmes de son âge se servent de mouchoir en papier. Elle est la seule à utiliser un mouchoir de soie turquoise ; ... Comment est-ce que vous...

TAO (*offensé*). — Vous osez me taxer de voleur ?

JOB. — Déployez-le... Vous verrez qu'il a une garniture de dentelle et ses initiales sont brodées dans un coin.

> *Job ouvre le mouchoir.*
> *Job désigne quelque chose du doigt.*

Job. — Vous voyez... C'est son mouchoir... Qui vous l'a donné ?

Tao (*d'un ton très faux*). — Je l'ai trouvé à l'entrée du Palais des Sports... Par terre... (*faussement surpris*) Regardez... une tache de sang...

Job (*de nouveau absorbé par ses souvenirs*). — Vous ne pouvez pas vous imaginer combien je suis sensible à tous ses signaux, à tous ses gestes... à sa respiration. Quand je suis près d'elle j'atteins le bien suprême, l'équilibre.

Désormais Tao va adopter envers Job une conduite toute différente de la précédente : douceur caressante. Mais si étrange !

Tao. — Allongez-vous dans ce fauteuil... je vais vous faire un massage de la cuisse... ce muscle est dans un état pitoyable.

Il fait entrer un fauteuil à roulettes. Il y fait asseoir avec délicatesse Job. Ce fauteuil ressemble à celui d'un coiffeur : haut et incliné, il a deux espèces de marches pour poser les pieds et un coussin pour la nuque.

Job. — Vous savez ? Quand elle...
Tao (*avec douceur*). — Taisez-vous un moment.

Il le cale sur le fauteuil. Il lui met chaque pied sur une marche. Il lui saisit la tête et la place sur le coussin.
Il lui met un bandeau sur les yeux... afin qu'il ne voie pas ce qui se passe. Job, installé dans le fauteuil jambes écartées, est l'image même du repos.

34

Tao sort et revient avec une petite table
qu'on dirait de manucure, avec des huiles
et des onguents.
Tao commence à lui masser les cuisses
avec une technique raffinée et peut-être
aussi une certaine volupté.
Au bout d'une minute de frottement appli-
qué, Tao rompt le silence.

TAO (*d'une voix murmurante, féminine et très*
lente). — Dites-moi... Ça ne vous gêne pas d'être
massé par un castrat ?

JOB (*les yeux bandés, immobile*). — Pourquoi ?
Pendant des années j'ai eu un masseur aveugle.

TAO. — C'est très différent... manquer de vue
et de...

Tao caresse les cuisses de Job plutôt qu'il
ne les masse, comme s'il les effleurait du
genou jusqu'à l'aine.

TAO. — On dit que nous avons des mains
féminines et que nous faisons des massages qui...
sont... des caresses voluptueuses.

Job ne répond pas.

TAO. — Quelques masseurs castrats, lorsqu'ils
frottent doucement les jambes d'un athlète, se
sentent femme...

Job ne répond pas.
Tao continue à le caresser et à le frotter
avec une main experte et peut-être une
certaine jouissance.

TAO. — Vous m'entendez ?... (*Pause. Plus fort.*)
Vous m'entendez ?

JOB. — J'étais en train de m'assoupir.

TAO. — Phylis vous fait des massages ?

JOB. — Jamais nous ne sommes touchés. Le bonheur que j'ai éprouvé avec elle est purement spirituel : elle purifie la passion, la transforme, en supprime la virulence.

TAO. — Parfois certains haltérophiles ont refusé d'accepter les massages d'un castrat.

JOB. — Vraiment ? Pourquoi ?

TAO (*très doucement*). — Parce que... comment vous dire ?... Les caresses sur leur corps par des mains si féminines... provoquaient chez eux des... érections. Et ainsi les effets positifs du massage étaient contrariés par la perte d'énergie causée par une ardeur sexuelle irrépressible.

JOB (*sans l'entendre*). — Phylis entre dans mon cerveau souffle par souffle. En la voyant si belle, si parfaite, j'aspire à réaliser les actes les plus exaltants, à être plus droit, plus généreux, plus altruiste, plus vertueux, plus capable d'aimer.

A présent Tao, à genoux entre les jambes de Job, le masse d'une façon qui semble plus voluptueuse que sportive.

TAO (*affectueusement*). — Relaxez-vous... complètement... tout votre corps.

JOB (*toujours à ses préoccupations, les yeux bandés*). — Grâce à l'amour que Phylis m'inspire je ressens de la compassion pour les autres... envers moi-même... Une pitié qui naît de l'amour. Amour qui s'élève dans son essence, vers l'essence.

Le massage devient de plus en plus lascif

36

et voluptueux. La voix de Tao se fait de plus en plus féminine et tendre.

TAO. — Dites-moi... sentez-vous mes mains ?

JOB. — Que dites-vous ?

TAO. — Vous voulez que je vous frotte plus fort ou plus doucement ? Désirez-vous que je vous gratte avec mes ongles ? Avez-vous besoin que mes mains montent davantage ?... Je veux vous faire le meilleur massage... pour votre corps... pour qu'il vibre tout entier.

JOB (*rêveur*). — Voyez-vous, à présent que vous m'avez bandé les yeux, je peux lire les messages d'amour que m'envoie Phylis comme si c'étaient des signaux lumineux.

TAO (*avec une douceur infinie*). — Vous sentez mes mains... qui vous effleurent... vous caressent...

JOB (*inconscient*). — L'amour que je ressens pour Phylis me permet d'oublier ma tête, mes épaules, mon cou, mes doigts.

TAO (*lui coupant la parole*). — Et vos cuisses... avec mes mains dessus ?

JOB. — Vous ne pouvez vous figurer quelle chaleur m'a envahi tout à coup... Comme si j'étais en train de brûler...

TAO. — Les yeux fermés... vous pourriez imaginer que c'est elle, votre Phylis, qui vous caresse les cuisses... et non pas pour vous préparer au record mais pour éveiller vos ardeurs sexuelles.

JOB. — Dites-moi... Vous avez mis un poêle sous le fauteuil ?

TAO. — Ne bougez pas... Relaxez-vous... Continuez à vous laisser faire les yeux clos.

JOB. — Je me sens oppressé !

Tao (*insinuant, enveloppant*). — Il y a des haltérophiles qui se servent de leur masseur...

Job. — Naturellement.

Tao (*avec douceur*). — Je veux dire qu'ils ne s'en servent pas comme d'assistants sportifs... mais comme de véritables esclaves soumis et obéissants.

Job. — Quel intérêt ?

Tao. — Pour profiter d'eux sexuellement... Les transformer en leurs femmes de plaisir.

Job. — Mais ce sont des hommes... comment est-ce possible ? (*Pause*) Ça brûle ; qu'est-ce qui donne une telle chaleur ?

> *Tao continue son massage de plus en plus luxurieux.*

Tao (*doucement et avec délice*). — Ils les obligent à leur frotter les cuisses, le ventre, ... tout.

Job. — Pourquoi ?

Tao. — Les pauvres masseurs castrats ne peuvent comme moi se servir d'huile, ils doivent employer leur propre salive...

Job. — Comme c'est répugnant !

Tao. — Ces pauvres êtres... avec leurs lèvres... leur langue... se voient contraints de caresser les orifices les plus souillés...

Job (*lui coupant la parole*). — Mais ce n'est pas un massage !

Tao. — Et vous pouvez imaginer comme tout cela finit...

Job. — Non, je ne l'imagine pas.

Tao. — Par la sodomisation du masseur. Le pauvre castrat sans défense est violé. Tout commence de la façon la plus douce avec de suaves caresses et de lents massages et se termine par une brutale pénétration.

Job. — Je ne pouvais imaginer qu'il y avait de tels dégénérés parmi les haltérophiles.

Tao continue à masser Job ; à présent, il mouille ses doigts avec sa langue.

Job. — Vous avez aussi chaud que moi ?... Mais qu'est-ce qui se passe ? On dirait que j'ai mangé une casserole de poivre.

Tao. — En réalité... ce n'est pas toujours de la faute des haltérophiles... mais celle des castrats. Certains d'entre eux, la plupart, agissent d'une manière diaboliquement provocante. Ce sont eux qui peu à peu et petit à petit échauffent et énervent l'athlète... jusqu'à ce qu'il bondisse. Sentez-vous mes mains ? Je les humidifie avec de la salive. Ça ne vous dérange pas ? Voulez-vous que je vous masse plus lentement ? En appuyant davantage ?

Job. — Il fait si lourd !

Tao. — Certains masseurs castrats, sous prétexte d'utiliser de meilleures positions... frôlent le sexe de l'athlète, avec le coude.

Job. — Avec moi personne n'a essayé je vous assure.

Tao. — Je vais vous en faire la démonstration uniquement à titre d'information. Imaginez que j'aie cette mentalité... c'est-à-dire que je veuille vous... exciter, vous séduire... Observez bien ce que je ferais... Je suis en train de vous masser les cuisses... d'une façon courante et banale. Vous le sentez ? N'enlevez pas votre bandeau.

Job. — Oui... oui...

39

TAO. — Et maintenant je vais vous montrer ce qu'osent faire certains de mes collègues, castrats comme moi...

Au fur et à mesure de ses explications Tao, de façon chaque fois plus lascive, exécute les actes qu'il décrit.

TAO. — Lentement mon coude et mon bras s'approchent de votre entrejambe... Ça semble naturel... Je ne cesse pas cependant de vous frotter de mes mains... de vous masser... Mais il ne reste plus que deux centimètres pour que mon bras se place et vibre tout contre votre membre, votre sexe... Attention, il ne reste plus qu'un centimètre... et je continue à frotter comme si je me concentrais sur le massage de votre cuisse... en réalité toute mon attention se porte sur mon coude et mon bras qui dans quelques secondes vont toucher votre sexe... vous exciter... vous frotter... un demi-centimètre... Bien qu'il vive intensément, le masseur castrat ne précipite pas la manœuvre... car il rêve non seulement de frotter et de caresser le sexe de l'haltérophile avec son coude et ses mains, mais de l'introduire lentement dans sa bouche, de l'asperger de sa salive et de l'aspirer avec ses lèvres et de le tenailler avec sa bouche, avec son derrière.

Job se lève brusquement du fauteuil, brisant la cérémonie instaurée par Tao.
Job se couvre d'une serviette, qu'il passe autour de sa taille.
Job se met à prier face au massif. Presque frénétiquement.

Tao (*très effrayé*). — Je vous en supplie... n'en dites rien à personne... Que la Fédération n'en sache rien...

Job (*sans l'écouter, priant*). — Dieu Tout-Puissant permets-moi de nager sous l'eau sans me noyer... de traverser le feu sans me brûler... de marcher sur le fil à dix mille mètres de hauteur sans éprouver de vertige.

Tao. — Si vous dites ce que je vous ai fait... Ils me puniront... Ils m'enverront leurs sbires... ils sont capables de tout... je les connais bien.

Job (*priant, sans écouter Tao*). — Loin de ce monde de suie et de boue je monte vers la solitude et la paix. L'harmonie est mon automne, l'équilibre mon été et la pureté mon printemps.

Tao. — Je le reconnais... je me suis très mal conduit envers vous depuis que je suis arrivé... Je me suis montré si plein de morgue, si mal élevé, si agressif avec vous !

Job. — Oh ! Seigneur qui es aux Cieux que ton nom soit sanctifié.

Tao. — Puis je me suis laissé entraîner par la tentation, je n'ai pas su dominer mes plus bas instincts. J'ai ressenti un désir si intense que vous me sodomisiez que j'ai perdu la tête... Ce fut un désir subit si ardent !... Je n'ai pas pu le réprimer... je vous jure que je ne vous importunerai jamais plus... Pardonnez-moi, de grâce.

Job. — Oh ! Seigneur... tu comptes plus d'années que le plus vieux des séquoias mais tu n'es pas vieux... tu sculptes toutes les formes de la terre depuis les nuages jusqu'à la veine métallique du fer, sans rien d'artificiel...

Tao. — Vous ne me prêtez aucune attention...

pourquoi ? Je vous en prie, écoutez-moi... cessez de prier.

HAUT-PARLEUR. — Attention mesdames et messieurs dans cinq minutes seulement la seconde tentative pour battre le record du monde.

> *Job cesse de prier.*
> *Il sort du massif et s'adresse à Tao.*

JOB (*furieux*). — Sachez que pour la première fois de ma vie vous m'avez fait perdre ma patience que mes camarades d'équipe disent pourtant légendaire (*en colère*). Qui vous a envoyé ?

TAO (*hypocrite et faux*). — ... La Fédération...

JOB (*tranchant*). — Je n'en crois rien ! Et vous allez me dire qui.

TAO. — En réalité... la vérité c'est que... Je ne peux pas vous dire la vérité.

> *Il pleure et sèche ses larmes avec le mouchoir de Phylis qu'il cache.*

TAO. — Vous êtes si fort que d'un revers de main vous pouvez me briser la mâchoire.

JOB. — Vous allez m'expliquer sans détours ce qui est arrivé à mon masseur. Ma patience a des limites... Comment est-ce possible qu'il soit parti comme ça bien gentiment... Il y a vingt minutes, au milieu de l'épreuve la plus importante de ma vie, alors que je m'apprête à battre le record du monde ? A qui fera-t-on croire qu'un homme qui, pendant des années, a été mon collaborateur, mon masseur, mon assistant et mon ami le plus fidèle part sans m'écrire quelques mots d'explication ?

TAO. — Tout a été pensé avec tant de soin...

42

JOB. — Que voulez-vous dire ? Expliquez-vous.

TAO. — Ne m'y obligez pas.

JOB. — Quand allez-vous éclaircir ce mystère, celui de votre présence... là, comme tombé du ciel...

TAO. — Si je pouvais parler...

JOB. — Qui vous en empêche ?

TAO (*après un violent effort, comme s'il trahissait le plus dangereux des secrets*). — Oui... On m'a envoyé...

JOB. — Qui ?

TAO. — Quelqu'un.

JOB. — Qui, quelqu'un ?

TAO. — Je vais vous le révéler... mais à une condition... jurez-moi que vous ne direz rien à personne.

JOB. — Je suis un homme qui tient parole.

TAO. — Approchez-vous pour que personne ne nous entende... il pourrait y avoir des micros placés...

JOB. — Parlez une bonne fois... Mais ne me touchez pas.

TAO. — J'ai été envoyé...

> Une flèche traverse la scène entre les deux hommes et se plante dans l'arbre. Tao tremble, effrayé.
> Job contemple la flèche, stupéfait. Elle porte à son extrémité un ruban où sont écrits des lettres rouges (du sang) qui forment le mot : SILENCE.

TAO (*au bord des larmes*). — Vous avez vu... silence...

JOB. — Qui l'a lancée ?

TAO (*hystérique*). — Taisez-vous, taisez-vous...

43

Nous avons déjà trop parlé à ce sujet...

JOB. — Vous en savez plus long qu'il n'y paraît.
(*Il crie*) Et vous allez tout me raconter ! (*Pause*)
Ne me faites pas perdre le contrôle de moi-
même.

> *Tao pleure d'une manière hystérique.*

JOB. — Cessez de pleurer, vous êtes un homme.

> *Tao sèche ses larmes avec le mouchoir
> de soie.*

JOB (*désignant le mouchoir*). — Je ne crois pas
que vous ayez trouvé par terre le mouchoir de
Phylis... Expliquez-vous une bonne fois.

TAO (*affligé*). — Oui... la vérité c'est que...
Phylis m'a donné le mouchoir.

JOB. — Vous la connaissez alors ? Pourquoi
vous l'a-t-elle donné ?

TAO. — Pour éponger ma sueur quand je souffre.

JOB. — Vous voulez parler de souffrances
morales ?

TAO. — Elle parlait de tortures physiques.

> *Job regarde Tao avec miséricorde. Sa
> fureur tombe, il lui sourit... Il tourne les
> yeux vers l'infini.*

JOB (*rêveur*). — Phylis, c'est le flamboiement
absolu. Vous savez, j'ai l'impression voluptueuse
de me transformer en elle peu à peu. Elle est
si différente de moi... et en même temps si
semblable.

TAO. — Phylis est un être unique.

JOB. — Vous êtes aussi amoureux d'elle ?

TAO. — Je suis un castrat... mais je sens en

44

elle... comme le refuge absolu, le centre des centres.

JOB. — Je pense à elle (*il observe un moment de pause : on dirait que pour la « voir »*) et je passe de l'imagination à la réalité. Je vole dans le ciel à son côté jusqu'à ce que je rencontre un point du firmament où elle est elle, et moi, je suis moi.

TAO. — Votre masseur aussi avant de disparaître...

JOB (*lui coupant la parole*). — Que veut dire « disparaître »... Est-il mort ?

TAO (*d'un ton faux*). — N'essayez pas de m'obliger à vous révéler ce que je ne peux pas vous expliquer.

JOB. — Quel secret si dangereux et si mystérieux gardez-vous ? Si je dois vous croire.

TAO. — J'ai été jugé et condamné. N'exigez pas de moi l'impossible. Mes forces et mon courage ont des limites.

JOB. — Qui vous a condamné ? Vous a-t-on mis en prison ?

TAO. — J'ai été condamné par des juges d'un genre exceptionnel. Ils disposent d'un arsenal répressif infiniment plus saisissant que celui que l'on connaît d'ordinaire.

JOB. — C'est pour cela que Phylis vous a parlé de tortures physiques ?

TAO (*soudain disert*). — Phylis assistait à mon procès.

JOB. — Phylis ? Mais, où a eu lieu ce procès ?

TAO (*indifférent, comme s'il parlait d'une chose sans importance*). — Dans les cuisines du Restaurant de la Gare Centrale.

JOB. — Je ne peux pas croire ça... Un procès

45

au milieu des cris des marmitons, des serveurs et des chefs ?

Tao (*amusé*). — Les procès se déroulent à quatre heures du matin, quand il n'y a plus personne. Les grandes marmites servent de tabourets. Le juge au lieu de sa toque porte le bonnet du chef et se sert des livres de cuisine tout graisseux en guise de codes, que d'ailleurs il n'ouvre jamais.

Job. — Je n'arrive pas à imaginer un tribunal dans ces conditions. Mais je suis sûr que Phylis vous aura défendu...

Tao (*d'un ton faux*). — Phylis... je l'adore... comme... quelque chose venu du ciel.

Job. — La supériorité de Phylis par rapport à moi-même est la seule source de mon admiration pour elle... mais ce n'est pas non plus un obstacle à la communication spirituelle avec elle.

Tao (*hypocrite*). — Je ne la connais pas aussi bien que vous... Je l'ai observée dans des conditions si différentes... et minutieusement !

Job (*enthousiaste*). — A cet instant même j'en arrive à tout oublier en pensant à elle... Comme si rien n'existait... Le seul endroit au monde qui existe, pour être réaliste, c'est celui qu'elle occupe. Et cet endroit est aussi le symbole du bonheur. Quels que soient les dangers qui puissent se présenter pour m'approcher d'elle, je les affronterai tous. J'ai besoin de me fondre en elle.

Sirène.

Haut-parleur. — Mesdames et messieurs, dans deux minutes seulement commence la seconde tentative.

46

*Tao se place à côté de la forme volumi-
neuse sur le sol, cachée par un voile. Il
change à nouveau de ton : à présent il
se montre insolent.*

TAO (*agressif*). — Regardez cette masse.

JOB. — Qu'y a-t-il sous ce voile ?

TAO (*autoritaire*). — Je vous ai dit de regarder.

*Job soulève le voile et apparaît le cadavre
de son assistant. Il recule, épouvanté.*

JOB. — C'est mon assistant... il a été tué.

TAO (*brutal*). — J'ai dû le tuer.

JOB. — Vous ?... Filez loin de moi, assassin !

TAO. — Regardez le chronomètre, il vous reste
moins de deux minutes. (*Il tire une fiole.*) Il faut
que vous respiriez l'ammoniaque.

*Il lui passe le flacon sous le nez. Job
l'écarte d'un revers de main.*

JOB. — Ne vous approchez pas de moi... Par-
tez comme je vous l'ai dit... Je n'ai pas besoin
de votre aide pour battre le record... Assassin !

TAO (*blessant*). — Calmez-vous ! Il vous faut
vous concentrer. Il ne vous reste que quelques
secondes.

JOB. — Comment voulez-vous que je me concen-
tre en sachant que l'homme qui a tué mon assistant est à côté de moi bien tranquillement.

TAO (*théâtral*). — Il a fallu que je le fasse.
Elle l'a exigé de moi.

JOB. — Qui a pu vous demander, menteur, de
planter des ciseaux dans le corps de mon assistant ?

TAO. — Elle... c'est elle qui me l'a demandé.

JOB. — Qui, elle ?

TAO. — Allons, respirez l'ammoniaque... vous avez besoin de ce coup de fouet pour que votre cerveau se réveille.

> *Il lui présente le flacon. Cette fois Job respire à fond. Il fait des grimaces comme s'il avait pris de l'acide sulfurique.*

TAO. — Allez ! Montez les échelons. Vous allez perdre à cause du temps.

JOB. — Mais qui est-ce, elle ?

TAO (*le poussant*). — Grimpez... On va commencer à compter le temps dans quelques secondes... vous allez être disqualifié...

JOB. — Assassin ! Si j'avais le temps !

TAO. — Allons, vite ! Il vous reste un souffle de temps et les juges sont impitoyables (*solennel*)... et n'oubliez pas que par-dessus tout Phylis souhaite que vous battiez ce record.

JOB. — Comment le savez-vous ?

> *Tao le pousse brutalement vers les échelons.*
> *Job grimpe à l'échelle lentement et accède à la plate-forme.*
> *Par un système de balance, l'éclairage du jardin faiblit peu à peu, au fur et à mesure qu'augmente celle de la plate-forme.*
> *Quand Job y pose le pied elle est totalement éclairée et le jardin reste plongé dans une complète obscurité.*

HAUT-PARLEUR. — Mesdames et messieurs, voici l'extraordinaire athlète prêt à battre son record « historique ».

Ovation.

HAUT-PARLEUR. — Pour réveiller son énergie l'haltérophile respire, comme Job l'avait déjà fait il y a quelques minutes, un flacon d'ammoniaque. Et maintenant il va se frotter les mains et les clavicules avec de la poudre de résine et du talc afin que la barre ne soit pas glissante. Imaginez la tension de ce formidable sportif qui sait qu'il ne lui reste plus qu'un seul essai, s'il rate celui-ci. Silence, Mesdames et messieurs, laissons le champion battre son fabuleux record.

Silence.
On entend seulement le tic-tac des secondes, comme une palpitation surnaturelle. En effet Job se frotte avec de la résine et du talc. Il exécute ses gestes avec soin et avec art.

JOB *(se ressaisissant et se parlant à lui-même).* — Calme-toi !... Oublie ce que tu as entendu... ou bien tu ne pourras pas soulever, ne serait-ce qu'un pétale de pensée. Concentre-toi sur les enseignements de Phylis...

Il frappe dans ses mains, religieusement, et fait une révérence.

JOB. — Merci, Seigneur, de me permettre de pénétrer le souffle qui étreint l'univers et mon essence... merci d'éloigner de moi les distractions et les chocs... merci de m'avoir fait rencontrer Phylis.

Il frappe de nouveau dans ses mains et seconde révérence.

JOB (*avec ferveur*). — Que mon corps et mon esprit confondus me montrent la voie, la vérité, la vie, l'amour, la force illimitée, l'énergie et la miséricorde.

Il respire profondément. Il s'enduit les mains de résine.

JOB. — Je fais le vide en moi-même... Seigneur Tout-Puissant... Je deviens fluide comme l'air... Un flocon de neige pourrait modifier mon poids... grâce à Phylis je vaincrai.

Il respire de nouveau comme s'il aspirait l'énergie de l'espace infini.

JOB. — Je maîtrise mon souffle. Ma respiration se prolongera dans l'action. Cette barre d'acier... n'est qu'un incident dans mon parcours vers le vide, comme Phylis me l'a appris.

Job s'incline et pose ses mains sur la barre en deux points précis.

JOB. — Haltères... (*il respire*)... Mon souffle vous vaincra, Phylis me l'a assuré, barre je t'élèverai vers le ciel comme si tu n'étais qu'une plume d'hirondelle. Je sens la respiration de mon sang, de mon esprit... je domine mon cœur... ma circulation... pour te soulever. (*Pause*) Allons-y !

D'un fantastique élan Job lève la barre à hauteur d'épaules. Il prend appui avec un soin infini sur ses clavicules.
Il sue. Il semble asphyxié par l'effort.

JOB (*il répète son oraison jaculatoire comme une prière apprise par cœur*). — Une fois de plus je transforme ma respiration en concentration, ma concentration en énergie, mon énergie en temps de vaincre. Je ne crains pas d'échouer... comme Phylis me l'a inculqué, je parviendrai enfin à soulever ce poids si je triomphe de la peur. La peur d'échouer me paralyserait. Mais comme Phylis me l'a appris, je la dissous et rien ne peut m'empêcher de te lever jusqu'aux cieux. (*Une pause*) Allons-y !

> *Job soulève la barre vers le ciel lentement et majestueusement.*
> *Il est sur le point de réussir.*
> *Tao apparaît sur les échelons.*
> *Il agite frénétiquement le mouchoir de Phylis.*

TAO (*hystérique*). — Attention Job... Faites attention... Elle va vous lancer les ciseaux en plein cœur pour vous tuer.

> *Job perd sa concentration, il tremble, chancelle et finit par laisser tomber la barre.*
> *Courbé, plié en deux, penché sur la barre, écrasé de douleur, Job est l'image même de la désolation.*
> *Des ciseaux « lancés » sur lui volent à la hauteur où se trouvait son cœur avant qu'il ne se penche... Ils se plantent dans le mur.*
> *Job dévale les échelons à toute allure et entre dans le jardin.*
> *(Effet balancé de lumière inverse du précédent.)*
> *Tao n'est pas là.*

51

Job est en colère. Il s'allonge sur la table
de massage, épuisé et furieux.

JOB. — Je ne veux plus vous voir... Vous m'entendez ? Vous êtes un fou... et un pervers... Vous m'avez fait rater cet essai... vous m'avez déconcentré au pire moment... et je suis sûr que vous l'avez fait exprès pour me faire perdre... Vous allez enfin m'avouer qui vous a envoyé.

Silence.
Job, immobile attend, reprenant ses forces.

JOB (*avec violence*). — Essuyez-moi avec la serviette... je suis en nage.

Silence.

JOB. — Vous ne m'entendez pas ?... Ou vous faites la sourde oreille pour me mettre en rogne ? Ecoutez-moi bien : aujourd'hui c'est la première fois de ma vie que je perds mon sang-froid.

Silence.

JOB (*en colère*). — Faites votre devoir... Vous êtes à mon service, n'est-ce pas... Essuyez-moi.

Silence.
Job se redresse... il constate que Tao n'est pas dans le jardin, il regarde à droite, à gauche.

JOB. — Hé ! (*inquiet*)... Qu'est-ce qu'il se passe ?

Assis sur la table de massage, Job, apeuré, observe ce qui l'entoure. Silence.

HAUT-PARLEUR DE LA POLICE. — Avis aux

patrouilles du Palais des Sports : on craint que la meurtrière des haltérophiles n'ait déjà pénétré dans le local et se soit glissée dans le public... prête à tuer.

> *Silence.*
> *Avec précaution Job se lève, regarde de tous côtés. Machinalement il saisit la serviette et s'essuie sans cesser de regarder autour de lui, effrayé.*
> *Soudain Job découvre la masse sur le sol cachée par un voile. Il ôte le voile. Mais son assistant ne se trouve plus dessous. A sa place il y a un agneau ensanglanté.*

JOB (*comme pour lui-même*). — Un agneau... égorgé... Mais... et mon assistant ? (*il crie*) Ecoutez-moi !... Qu'avez-vous fait du cadavre de mon assistant ? Pourquoi avez-vous mis à sa place un agneau tout sanglant ?

> *On entend un gémissement... comme un sanglot d'homme.*
> *Job s'arrête et écoute.*
> *On entend parfaitement des sanglots.*

JOB. — Qui pleure ?

> *Nouveaux pleurs encore plus forts. Puis silence. Job cherche de tous côtés... sans succès.*
> *De nouveau, sanglots entrecoupés de silences.*

JOB. — C'est vous, Tao, n'est-ce pas ?... Sortez... Je suis sûr que vous êtes derrière un massif.

> *Job continue à chercher.*

53

*Il se dirige vers le grand pot de fleurs.
Il y plonge la main... il en retire des
ciseaux couverts de sang. Il les laisse
tomber comme s'ils étaient électrifiés. Il
s'essuie les mains pleines de sang avec
sa serviette.*

JOB. — Qui a bien pu mettre ces ciseaux
pleins de sang dans ce pot ?

*Nouveaux pleurs.
Job poursuit ses recherches à droite parmi
les massifs.
Il ne s'aperçoit pas qu'à gauche, un pied
nu vient d'apparaître, couvert de boue.*

JOB. — Tao ! Où êtes-vous ?

On entend les pleurs de Tao.

VOIX DE TAO. — Sauvez-moi... Je vous en supplie... Délivrez-moi.

*Job, indécis, cherche toujours d'où vient
la voix.*

JOB. — Mais où êtes-vous donc ?
VOIX DE TAO (*douloureuse et très basse*). — Ici...
Venez... Au secours !

*Job se retourne et découvre le pied de
Tao.*

VOIX DE TAO. — Vous voyez mon pied... Tirez
dessus... Un grand coup pour me dégager... De
toute votre âme.

*Job tire sur la jambe de Tao en faisant
un gros effort.*

54

Tao apparaît, le visage couvert d'épines et de sang.

Au moment où Job a tiré, Tao a poussé un cri affreux.

TAO. — Ne me touchez pas... J'ai le visage couvert d'épines.

JOB. — Vous saignez de partout... Que s'est-il passé ?

TAO. — C'est vous... en tirant comme une brute.

JOB. — C'est vous qui me l'avez dit... Mais pourquoi vous être appuyé à un buisson d'épines ?

TAO. — Ce n'est pas moi... C'est la punition... Quelle souffrance ! On dirait que chaque épine est remplie de poison et me donne des secousses électriques.

JOB. — Pourquoi vous a-t-on jeté dans les épines ?

TAO. — On ne m'y a pas jeté... on m'a posé entre les épines avec beaucoup de soin... Pas une seule ne me touchait. Chacune se trouvait à un millimètre de ma chair... Elles m'entouraient comme un masque sans même m'effleurer. Mais vous, en tirant si brutalement... Voyez ce que vous m'avez fait... Ça fait très mal.

JOB. — Je ne pouvais pas me figurer... Excusez-moi.

TAO. — Vous êtes d'une brutalité bestiale. Vous ne faites pas attention aux autres ! Par pur égoïsme. Tout pour vous !... Et les autres ?... Vous vous en moquez comme d'une guigne... au lieu de m'extraire d'ici avec douceur pour que je ne souffre pas vous n'avez pensé qu'à une chose, en finir au plus vite avec cette tâche. Egoïste !

JOB. — Mais vous m'avez dit de tirer de toute mon âme...

TAO. — Mais oui... avec votre âme... avec votre esprit.

JOB. — Je vous demande pardon... Voulez-vous que je me mette à genoux ?

TAO. — Comme vous êtes orgueilleux !

JOB. — Je me sens si coupable de...

TAO. — A vrai dire, je mérite tous les châtiments... et encore ils m'ont traité avec beaucoup de bienveillance et de miséricorde !

Soudain Job se rend compte qu'une grosse chaîne est passée autour de la cheville droite de Tao.

JOB. — On vous a attaché... avec une chaîne...

TAO. — Pour que je ne cherche pas à m'échapper... Mes mauvais instincts m'auraient poussé à fuir sans purger ma peine.

JOB. — Mais pourquoi vous a-t-on puni ?

TAO. — Par votre faute.

JOB. — Qu'est-ce que j'ai à voir ?...

TAO. — Je me suis si mal conduit envers vous... Je vous ai agressé avec une telle mauvaise foi ! Ils ont entendu vos plaintes et comme ils sont très justes ils ont appliqué la peine requise. Celle que vous m'auriez infligée si vous aviez eu la possibilité de le faire.

JOB. — Mais moi je ne veux pas qu'on vous torture !

TAO. — Maintenant... Mais au moment où vous avez perdu patience, quand vous étiez hors de vous... je me demande si non seulement vous m'auriez condamné à cette torture si douloureuse, mais tout de même pas mortelle, mais bel et bien à mourir.

Job. — C'est vrai que vous m'avez fait sortir de mes gonds mais...

Tao. — Vous m'avez condamné, d'une certaine manière, et ils ont appliqué la peine de la façon la plus juste.

Job. — C'était normal pour moi de me plaindre...

Tao. — Et il était normal pour eux de me sanctionner... Elle tient si bien compte de ce que vous dites... et même de ce que vous pensez.

Job. — Vous disiez ils et maintenant elle... Qui vous a donné l'ordre de vous torturer ?

Tao (*sans lui prêter attention*). — Je vous en prie... (*solennel*) Voulez-vous prendre la responsabilité de me délivrer ?

Job. — Bien entendu.

Tao. — Coupez la chaîne qui me broie la cheville.

Job. — Avec les mains... d'un seul coup ?

Tao. — Non, non je vous en supplie... pas d'un seul coup... ma cheville n'est qu'une plaie... si vous tirez... vous me fendez l'âme... brisez-la avec les dents.

Job. — C'est une chaîne en acier !... avec les dents... je ne pourrai pas.

Tao. — Je vous en supplie... ne me laissez pas attaché une minute de plus.

Job. — Mais... je vais me casser les dents !

Tao. — Je vous le demande sur ce que vous avez de plus sacré. Je suis un être qui souffre... qui est en train d'endurer la torture...

Tao geint.

57

Job s'approche de la chaîne et mord dedans.
Job pousse un cri.
Effectivement, il n'a pas brisé la chaîne... mais il crache deux dents qu'il a perdues dans l'opération.
Tao rit aux éclats... comme s'il était pris de fou rire.

TAO. — Vous êtes d'une telle innocence ! (*il rit*) Combien de dents avez-vous perdues ?

Tao rit aux éclats.
Job, taciturne, se rince la bouche pleine de sang.

TAO. — Elle est en acier cette pute de chaîne !... Vous avez vu comment elle a traité vos dents inconscientes ?

Il agite la chaîne, tout content, comme pour la féliciter, puis il la caresse.

TAO. — Cette chaîne cent pour cent acier est la pire et vous avez cru pouvoir la briser avec les dents ! (*il rit*) Si ce n'était pas parce que les épines me déchirent la tempe quand je ris, je me tordrais de rire, à m'en décrocher la mâchoire.

Il rit aux éclats.

JOB. — Cessez de vous moquer de moi.
TAO (*faisant des efforts pour ne pas pouffer*). — Oh !... excusez-moi... Je suis si mal élevé ! (*une pause... effrayé, soudain*) Ne le lui dites pas... à elle.
JOB. — Qui est-ce, « elle » ?

58

TAO. — Phylis... Elle me punirait avec encore plus de zèle.

Job se rince encore la bouche.
En le voyant encore saigner de la bouche
Tao ne peut s'empêcher de rire. Soudain
Job le regarde, indigné... Tao, faisant un
effort, se tait et l'observe, intrigué.

JOB (*violent et solennel*). — Ça suffit !... J'en ai assez ! Vous allez m'expliquer une bonne fois ce qui se passe ici... Vous m'avez poussé exprès à mordre dans la chaîne pour me faire perdre deux dents... C'est exprès que vous m'avez interrompu en pleine compétition au moment même où j'allais battre mon record...

TAO (*l'interrompant, humblement*). — Il fallait que je vous prévienne... Vous n'avez pas vu ce qui s'est passé... Si vous ne vous étiez pas penché, comme vous l'avez fait, après l'échec, les ciseaux se seraient plantés dans votre poitrine...

JOB. — Et comment le saviez-vous ?

TAO (*bafouillant presque*). — ...J'ai vu venir...

JOB (*en colère*). — Qu'avez-vous vu venir... les ciseaux ? ou elle ?

Tao va répondre, mais il se tait.
Il se met à pleurer.
Job s'en écarte avec dégoût et essuie de
nouveau sa bouche douloureuse.

TAO (*entre deux sanglots, avec sincérité*). — Vous êtes toujours amoureux d'elle ?

Job le contemple, étonné et enfin furieux.

JOB. — Qui vous a attaché et torturé ?

TAO (*têtu*). — Dites-le-moi... c'est beaucoup

plus important si le sentiment que vous éprouvez pour elle...

JOB. — C'est une de ses idées de me demander de mordre la chaîne ?

TAO (*sans l'écouter, avec ferveur*). — L'impatience que vous ressentez quand elle n'est pas à côté de vous se transforme-t-elle en doute, en mélancolie, en désespoir ?

JOB. — Deux dents ! J'aurais pu les perdre toutes... ça vous aurait fait rire tout autant.

TAO (*craintif*). — Dites-moi... Vous avez cessé d'aimer Phylis ?

Job le regarde, écœuré, cependant il finit par répondre :

JOB. — Non !

TAO. — Quel soulagement ! Vous ne pouvez pas vous figurer : je craignais qu'après tous ces incidents si malheureux vous aussi vous cessiez de l'aimer... Mais dites-moi, comment en avez-vous besoin ? Physiquement ou spirituellement ?

Job se rince la bouche et crache bruyamment.

TAO. — Vous l'« aimez », en tant qu'individu ? Ou comme membre de son groupe ? Je vous en prie, ne boudez pas, répondez-moi.

JOB. — J'ai besoin...

TAO (*lui coupant la parole, tout content*). — Ne m'en dites pas plus ; j'imagine votre réponse : j'ai besoin de me fondre spirituellement en elle. Mais alors, vous êtes victime d'une obsession ? D'une impulsion contre nature ?... de l'instinct ?

JOB. — Avec la bouche pleine de sang...

60

Tao (*l'interrompant*). — Je vois. Vous avez besoin non seulement d'unir votre cœur à celui de Phylis mais aussi votre connaissance. Mais il y a quelque chose que je ne comprends pas : à partir de quel moment et pourquoi avez-vous commencé à l'aimer ?

Job. — Ne vous immiscez pas davantage dans ma vie.

Tao. — Depuis que vous l'avez vue ? Vous l'avez aimée... c'est sûr... Mais alors chaque fois que vous la contemplez vous vous glorifiez de vous retrouver ?... Peut-être vous pousse-t-elle à l'amour contre vos propres inclinations...

Job. — Je ne vais pas vous répondre.

Tao. — Il y a quelque chose d'étonnant dans votre fascinante relation avec elle : combien de millions de femmes vivent-elles autour de vous dans cette grande ville ? Et combien d'hommes habitent-ils avec vous dans un rayon d'une dizaine de kilomètres ?... Quelles possibilités mathématiquement calculables aviez-vous de vous rencontrer ? Pourquoi vous seul avez-vous reçu son message amoureux ? Quelles sont les causes d'une rencontre aussi singulière ?

Job se gargarise.

Tao. — Vous saignez toujours.

Job. — Oui... je saigne toujours... je suppose que cela vous fait plaisir de l'apprendre.

Tao. — Les épines pénètrent profondément dans ma tempe, on dirait que mon cou va éclater.

Job va jusqu'au pied de Tao et saisit le bout de la chaîne qui ne lui frotte pas la

61

cheville... comme s'il voulait voir d'où elle vient.

JOB. — Cessez donc de vous intéresser à moi et dites-moi une fois pour toutes qui vous a attaché la cheville.

TAO (*tranquillement*). — Ne croyez pas qu'on m'a attaché avec cette chaîne... c'est pure illusion... en réalité, croyez-moi, je peux me délivrer tout seul... je ne suis pas attaché... On me l'a passée, pour être exact, comme un simple avertissement.

JOB. — Comment ça, vous pouvez vous libérer ?

TAO. — Facilement... regardez...

Tao retourne l'anneau qui lui attachait la cheville et la chaîne cesse de lui tenailler la jambe.

JOB. — Mais alors (*en colère*) Pourquoi m'avez-vous demandé de la briser avec mes dents ?

TAO (*flatteur ou enthousiaste ?*). — Vous êtes si fort ! Vous êtes un homme si robuste ! Un castrat se sent si fragile à côté de vous... Et si protégé en même temps.

JOB. — Vous êtes répugnant.

TAO. — Vous voulez que je vous fasse un massage... long... profond, sur les cuisses ?

HAUT-PARLEUR. — Avis aux patrouilles de garde... On a trouvé dans les latrines du Palais des Sports le corps d'un homme à la poitrine traversée par une paire de ciseaux. On suppose qu'il pourrait être l'assistant de l'haltérophile Job, sûrement une nouvelle victime de Phylis. La meurtrière présumée peut se trouver à l'intérieur

62

du Palais ou dans les jardins d'entraînement. Surveillez-les.

JOB (*furieux*). — Comment le cadavre de mon assistant a-t-il disparu ? Il était là sous ce voile, non ?

Il désigne du pied la masse sur le sol.

TAO. — Je ne peux pas... faire le compte de « tout » ce qui meurt par ici... Ils aiment tellement plaisanter !... Sans respecter la douleur du prochain ils sont capables d'inventer n'importe quel subterfuge.

JOB (*solennellement*). — Où le cadavre de mon assistant se trouvait-il ?... A présent, il y a un agneau égorgé.

TAO (*riant*). — L'agneau pascal !... Ils sont impayables !... Mais, vous en êtes sûr ? A dire vrai, malgré tout, j'ai du mal à le croire, même en sachant de quoi ils sont capables.

JOB. — Je l'ai vu de mes propres yeux.

TAO. — Si vous le dites... bien que... à vrai dire... c'est que...

JOB. — Vous voulez que je soulève le voile ?

TAO. — Je ne suis pas si méfiant... Je crois dur comme fer... Je vous admire tant... Vous êtes si fort, si viril... (*une pause*) Tout de même, je ne peux le croire en aucune façon. Quel intérêt peuvent-ils avoir à changer le cadavre de votre assistant et à mettre un agneau pascal à sa place ?

JOB. — Un agneau tout sanglant !

TAO. — Non, je ne peux pas le croire.

JOB. — Regardez !

63

*Il se dirige lentement vers la forme volu-
mineuse, en colère.*
*Théâtralement, pour souligner ses effets,
il soulève le voile sans regarder ce qui se
trouve dessous : il a les yeux toujours
fixés sur Tao.*
*Apparaît sur le sol le cadavre de son assis-
tant et non pas l'agneau.*
Job recule, épouvanté.

Tao. — C'est elle... Phylis... elle ne pouvait
absolument pas vous jouer le mauvais tour de...
Job (*furieux*). — Ne la mêlez pas à...
Tao. — Et qui voulez-vous que ce soit, sinon ?

*Job, abattu, semble un somnambule. Tao
tire un flacon d'un massif et le lui tend.*

Tao. — Buvez, ce sirop va vous calmer.

Job ne le boit pas.
*Tao le lui fait prendre de force, profitant
de son abattement.*

Tao. — Vous voilà tout requinqué, n'est-ce
pas ?
Job (*savourant*). — Mais... qu'est-ce que vous
m'avez fait boire ? (*très inquiet*) C'était une
drogue ?

Tao allonge Job sur le fauteuil.
*Il le contemple intensément pendant quel-
ques secondes.*
Job semble se transformer.

Tao. — Comment vous sentez-vous ?... Tout est
passé, non ?

64

JOB. — Faites-moi un massage sur les cuisses...
Elles sont en bouillie... après l'effort du second
essai...

TAO. — Vous faire un massage ? Maintenant ?

JOB. — Un de mes muscles... s'est tout noué.

TAO. — Mais vous avez vu comme je suis ;
presque en haillons... tout déchiré par les épines...
et la tête pleine de ronces.

JOB. — Allons ! vite ! J'en ai besoin...

TAO. — Alors je vais vous faire un massage
dorsal.

JOB (*frénétique*). — Non, non... sur les cuisses...
en haut des cuisses...

TAO (*poète*). — ... Vous savez... cet amour que
vous éprouvez pour Phylis est pour moi plein
d'énigme. Dites-moi, quand vous la contemplez,
qu'est-ce qui vous émeut ou vous rend amoureux ? Son corps tout entier ? Une partie de
son corps ?

JOB (*impatient*). — Faites-moi le massage tout
de suite...

TAO (*d'un ton faux*). — Ce n'est pas possible...
J'ai cassé le flacon d'huile pour les massages.

JOB. — Cherchez-en un autre, vite.

TAO. — Je vais au centre en acheter un... je
prends le métro, j'y vais et je reviens en un
éclair.

JOB. — Non ! Vous ne pouvez pas partir maintenant... Faites-moi tout de suite ce massage.

TAO. — Sans huile, c'est impossible !

JOB. — Prenez votre salive.

TAO (*d'un ton faux*). — J'ai la bouche sèche.

JOB. — Passez votre langue sur mes cuisses...
Il vous reste bien encore un peu d'humidité...

TAO (*ailleurs*). — Qu'est-ce qui vous séduit

65

chez Phylis ? Vous ne me l'avez pas dit et ça m'intéresse tant ! Sa manière de se mouvoir ? De ne pas bouger ? Le battement imperceptible de ses cils ?

JOB (*furieux*). — Mais qu'est-ce que vous attendez... Je vous ai dit que mon muscle...

TAO. — Sur quelle partie de la jambe voulez-vous que je vous masse ?

JOB. — Je vous l'ai déjà dit... sur la cuisse... tout en haut. Allons-y ! Vite !

TAO. — Sur quelle cuisse ?

JOB. — Sur les deux... Elles sont en compote... Je ne pourrai pas faire une troisième tentative si...

TAO (*hypocrite*). — Expliquez-vous bien... Vous voulez que je vous masse à la hauteur des genoux, non ?

JOB (*il crie*). — Non... tout en haut... de la cuisse.

TAO. — Mais si je masse tout en haut je vais être obligé de frôler des endroits qui par leur sensibilité... pourraient provoquer des réactions incontrôlables et sauvages.

JOB. — Mais quand donc allez-vous commencer ?

TAO (*simulant la distraction*). — Il y a quelque chose de fabuleux dans votre amour pour Phylis... Votre chasteté... Je me demande ce qu'aurait signifié pour vous deux le fait d'unir vos bouches ou vos ventres... Jugeriez-vous cela comme une régression ? Un échec ?

JOB. — Installez-vous entre mes jambes et commencez à frotter vous m'entendez ?

TAO. — Je ne sais pas si je peux oser vous poser cette question... Dites-moi, un homme comme vous, qui aime d'une façon si éthérée, si pure, si belle... aurait-il pu sentir dans son subconscient une inclination envers le geste le plus barbare ?... Auriez-vous goûté l'exacerbation pleine d'angoisse du désir de viol ? De violer Phylis ?

JOB (*tremblant d'impatience*). — Mais qu'attendez-vous donc ?

> *Tao se met aux pieds de Job et pose ses mains sur les chevilles de l'athlète.*

JOB. — Je vous ai dit de me masser les cuisses... pas les chevilles.

TAO (*à son affaire*). — Avez-vous pensé... un instant... quand votre amour pour elle est le plus platonique... que vous pourriez parvenir à une satisfaction spirituelle due au seul plaisir physique ressenti par elle ?

JOB (*il crie*). — Commencez une bonne fois.

> *Tao frotte sans conviction le genou gauche de Job.*

JOB. — Mais comment... Vous me massez le genou... Sans même enlever la bande qui l'enveloppe...

TAO (*séducteur*). — Vous ne voulez tout de même pas que je vous déshabille complètement ?

JOB (*avouant tout*). — Et pourquoi pas ?

TAO. — Et votre tentative de record ?

JOB. — Au diable le record ! Allez-y !

TAO. — Que voulez-vous dire par « allez-y » ?

JOB. — Grimpez sur moi à califourchon !

TAO (*rêveur*). — C'est curieux... en même temps vous avez déposé dans son cœur à elle vos prin-

67

cipes vitaux... mais d'elle vous recevez la seule aide qui puisse vous préserver de mourir ou d'être anéanti. On peut affirmer que sa main vous guide.

JOB. — Posez votre main sur ma... sur mes cuisses... sur mon ventre.

TAO. — L'amour qu'elle vous inspire est presque un philtre qui vous transforme.

JOB. — Mais qu'attendez-vous... Qu'attendez-vous... Grimpez sur moi !

Tao se juche sur Job qui est sur le fauteuil, jambes écartées.
Tao s'assied sur son ventre... comme s'il n'y attachait aucune importance. Job semble très excité.

TAO. — Malgré l'amour que vous lui portez vous n'êtes pas avec elle nuit et jour. Pourquoi ? Est-ce volontairement ? Est-ce le destin ?... Je me demande si vous ne retardez pas exprès le moment de la voir, c'est-à-dire de tomber, de vous précipiter dans un autre monde.

JOB (*avec violence*). — Ne retardez pas... le contact... Allez-y... posez vos lèvres sur... les miennes.

Tao approche très lentement sa tête de celle de Job... (il est toujours assis sur son ventre). Leurs bouches sont à dix centimètres de distance.

TAO (*murmurant*). — Cette façon de retarder le plaisir spirituel que vous vous imposez vous fruste-t-elle ? Ou au contraire l'attente de Phylis est-elle, en soi, source de plaisir ? Ce délai... n'est-il pas médité par vous-même ?

68

Job (*frénétique*).. — Glissez votre langue dans ma bouche... Je vous en prie... Mettez-la.

> *Tao tire un bout de langue qu'il place à dix centimètres de la bouche de Job.*

Tao. — Ce serait si sale... Ma langue... Regardez-la !

> *Il lui montre à nouveau sa langue. Job tire la sienne.*

Job. — Mettez votre langue dans ma bouche... Vite.

> *Job redresse la tête pour faciliter la manœuvre.*
> *Tao lui tient la nuque comme dans un étau en lui immobilisant la tête avec ses mains.*

Tao (*caressant*). — Ne bougez pas tant... Il faut vous reposer... reprendre des forces pour le record.

Job. — Le record, je m'en fiche comme de l'an quarante. Effleurez mon palais avec le bout de votre langue ! Frottez la mienne avec la vôtre !

Tao (*absent*). — Les visites que vous vous faites, vous et votre aimée, suscitent sans doute une exacerbation passionnée dans vos rapports, beaucoup plus intense que si vous restiez toujours ensemble. Vous vivez probablement les absences comme un prologue nécessaire à l'union. Dites-moi, quand elle n'est pas auprès de vous, vous l'imaginez accourant vers vous ? Savourez-vous les préambules ?

Job. — Mais qu'est-ce que vous attendez ? Baissez votre pantalon.

69

Tao s'approche encore plus de Job. Leurs lèvres se touchent presque. Mais Tao empêche toujours Job de bouger en l'emprisonnant avec ses mains qui lui agrippent les cheveux et la nuque.

JOB. — Arrosez-moi de votre salive... Unissez vos lèvres aux miennes... Mêlez votre langue à la mienne. Allons, vite !

TAO. — A la fin de ces prolégomènes amoureux que vous avez soulignés si justement à propos de vos rapports avec elle, auriez-vous aimé qu'elle vous dévore réellement le cœur ?

JOB. — Enfoncez votre langue dans ma bouche.

TAO. — L'amour que vous éprouvez pour Phylis est, sans aucun doute, promesse d'immortalité.

JOB. — Sucez-moi la langue, la bouche, le corps...

Les lèvres de Tao et de Job s'unissent enfin.
Les deux têtes chavirent.
Ils sont en train de se donner un très long baiser.
L'agneau sanglant passe sur scène de droite à gauche, au-dessus des massifs. On ne voit pas les pattes. Seulement la partie supérieure.
Quand l'agneau a fini de passer...

HAUT-PARLEUR. — Mesdames et messieurs il ne reste que dix minutes avant l'ultime et décisive tentative de Job de battre le record du monde, son fabuleux record. Je ne révèle aucun secret si je vous dis qu'en ce moment le champion doit être en train de se reposer, immobile, relaxé... qu'il essaie de faire le vide en lui-même. Sans cesser de penser à cette barre d'acier et à ces haltères qu'il doit soulever... vers le ciel.

Le long baiser entre Tao et Job continue. A présent, Job, très excité, étreint et caresse le dos et le derrière de Tao.

VOIX DE LA POLICE. — Appel à tous les inspecteurs. Phylis, la meurtrière des haltérophiles, d'après ce que nous avons appris, dispose de l'aide d'un complice... Un jeune homme ayant à peu près son âge, son poids et sa taille. C'est un individu très dangereux. Il se fait passer pour l'assistant de l'haltérophile.

Tao et Job continuent à s'embrasser passionnément. Mais soudain Job se redresse et d'un revers de main jette Tao à terre.

JOB. — Mais que faisiez-vous là, sur moi... à m'embrasser ?

TAO. — C'est vous...

JOB. — Taisez-vous, ruffian ! Comment avez-vous osé... J'étais comme transformé. Je ne sais pas ce qui m'est arrivé. Comment avez-vous pu grimper sur moi et m'embrasser de cette façon aussi dégoûtante ?

Il crache plusieurs fois.

TAO. — Vous vous êtes drogué ?

JOB. — Jamais !... J'ai encore dans la bouche le goût répugnant de votre langue...

TAO. — Moi je n'ai fait que... Vous n'étiez pas endormi... Je ne vous ai pas violé que je sache...

71

Job. — En vérité... Je ne sais plus où j'en étais... Comme si tout d'un coup je m'étais endormi. Comment est-ce possible ? La dernière chose dont je me souvienne c'est que, lorsqu'on a retiré le voile, l'agneau n'était plus là, mais qu'il y avait le cadavre de mon assistant... Vous m'avez fait boire le sirop d'un flacon... et je me suis évaporé... comme si je m'étais endormi. Je ne sais comment tout a pu arriver. Et maintenant que je me réveille, je me retrouve avec vous grimpé sur moi en train de profiter de ce malaise pour me tripoter de la façon la plus grossière et la plus vile.

Tao (*souriant*). — En rêve ?... Alors vous êtes somnambule ?

Job. — Que s'est-il passé ? J'ai bougé ? J'ai parlé ? Qu'est-ce que j'ai dit ?

Tao. — Les pires choses... Vous vous êtes conduit comme un animal en rut... Vous ne cessiez de me demander de baisser mon pantalon pour que vous me sodomisiez.

Job. — Non !

Tao. — Si, je vous le jure.

Job. — Vous voulez dire que je suis devenu fou ?

Tao. — Je n'ai rien vu de plus obscène de toute ma vie.

> *Job semble abattu. Mais soudain il a une illumination.*

Job. — Maintenant je comprends... Le flacon... Le sirop... C'était une drogue.

Tao (*méprisant*). — Je vous ai donné un anesthésique. Le NB1.

Job. — Le NB1 ?! Vous avez osé... mais ce n'est

72

pas seulement un anesthésiant c'est un « excitant aphrodisiaque ». Vous l'avez fait exprès... Comment avez-vous osé...

Tao (*rêveur*). — Quand j'étais petit j'échangeais mon sang par jeu avec mes amis... Nous nous piquions un doigt...

Job (*furieux*). — Savez-vous comment ça s'appelle, ce que vous avez fait avec moi ?... « Hold up spirituel », « viol »... Vous avez abusé de moi pendant mon sommeil. Dites-moi ce que vous m'avez fait faire.

Tao. — J'ai connu un homme qui se piquait à l'annulaire et laissait tomber une goutte de son sang dans le verre de vin de son amant parce qu'il supposait que celui-ci, en le buvant, s'enivrerait de son cœur.

Job. — Vous avez utilisé une drogue connue pour ses effets immédiats.

Tao (*à son sujet*). — Mon ami appelait cette piqûre au doigt « bouche-de-cœur ».

Job. — Vous m'avez violé !

Tao. — Je peux vous dire la vérité ?

Job. — Voilà longtemps que je vous le demande !

Tao. — C'est elle... qui m'y oblige...

Job. — Qui elle ?

Tao. — Phylis.

Job. — Vous mentez.

Tao. — Elle voulait savoir si votre amour si spirituel pouvait être métamorphosé par quelques milligrammes d'un composant chimique. Comme ce fut le cas.

Job (*désemparé*). — Ecoutez-moi bien (*tragique, dans un cri*), je l'aime à la folie !

Tao. — Mais pourquoi criez-vous ? Si vous

73

avez raison, pourquoi perdez-vous votre sang-froid ?

JOB. — Vous avez l'art de me faire sortir de mes gonds.

TAO. — Je dois faire mon devoir : je raconterai à Phylis tout ce qui s'est passé.

JOB. — Ce qu'il faut lui dire, c'est que vous m'avez drogué.

TAO. — Elle le sait déjà. Ce qu'elle n'a pas encore appris, mais je le lui révélerai, c'est l'insistance lascive avec laquelle vous me demandiez, vous exigiez de moi que je vous caresse l'entre-jambes, que je vous déshabille, que je vous embrasse, que j'effleure de ma langue votre palais, votre sexe, votre anus.

JOB. — Vous inventez... Ou bien si c'est vrai... ça ne signifie rien parce que je n'étais pas conscient.

TAO. — Exact. C'est ce qui intéresse Phylis. Vous n'exerciez plus votre contrôle intellectuel... Vous vous êtes exprimé tel que vous êtes en réalité quand le masque de la bonne éducation est levé.

JOB. — Je ne suis pas comme ça... Je ne pouvais même pas imaginer que l'on pouvait faire les gestes que vous venez de décrire.

TAO. — Vous n'êtes pas comme ça, parce que vous vous contrôlez. Phylis doit savoir que vous rêvez de violer ; de pénétrer de façon brutale, d'assouvir vos appétits sexuels les plus bas, et ce, coûte que coûte. Le jour où, en présence de Phylis, vous ne vous contrôlerez plus, vous ferez tout ça avec elle... car vous ne respectez même pas votre corps ni celui d'autrui.

JOB. — C'est faux.

74

TAO. — Les autres disaient ça aussi.

JOB. — Quels autres ?

TAO. — Les autres haltérophiles.

JOB. — Quels autres haltérophiles ?

TAO. — Ceux qui étaient amoureux de Phylis... que Dieu les garde en son giron.

JOB. — Pourquoi ? Il y en a d'autres ?

TAO (*lui coupant la parole*). — Tous disaient la même chose, exactement ce que vous dites... qu'ils l'aimaient... qu'ils voulaient s'enfermer dans son sein... que Phylis était la vie de leur vie... Qu'ils souhaitaient vivre avec elle une union sans fin... Qu'ils séparaient le désir de l'amour... qu'ils le réprimaient, qu'ils le modulaient... qu'ils ne supprimaient pas l'ardeur sexuelle mais qu'ils l'apprivoisaient... qu'ils pratiquaient la continence.

JOB (*furieux*). — C'est moi qui ai dit tout ça !

TAO (*méprisant*). — Vous... ou eux ?... Comment se souvenir de tous ces détails ?... Ils passaient tous plus ou moins le même disque rayé. C'est pour cette raison qu'elle les a mis à l'épreuve... Sans le savoir, à un moment de vos relations avec elle, vous avez participé à un assaut d'amour courtois comme au Moyen Age, et vous avez perdu. Vous êtes tous des ratés !

JOB. — Vous mentez... Phylis et moi... Nous sommes les seuls... Il n'y a personne d'autre.

Tao extrait d'un tronc d'arbre une pile de lettres froissées, sales, entassées n'importe comment.

TAO. — Regardez... Lisez les lettres d'amour de vos collègues haltérophiles adressées à Phylis... (*lisant, l'air ennuyé*) « Tu es l'essence qui dévoile

ma raison »... « Tu es ma promesse d'immortalité »... « Enferme-moi en ton sein »... « Je jouis
de ton attente »... « Cette rude abstinence illumine ma chasteté et me donne accès à toutes
les jouissances spirituelles ».

*Job lit par-dessus l'épaule de Tao, avec
douleur.*
*Tao manie les lettres comme de vieux
papiers bons pour la corbeille.*

Job. — En quoi consiste cet assaut amoureux
médiéval ?

Tao. — Phylis les a soumis à un examen alors
qu'ils s'y attendaient le moins... comme elle l'a
fait pour vous.

Job. — Et les autres, comment ont-ils réagi ?

Tao. — Comme vous. Ils ont démontré qu'ils
ignoraient l'amour spirituel et que, malgré leurs
protestations d'amour pour Phylis, ils recher-
chaient uniquement à satisfaire leurs instincts de
la façon la plus vile, avec elle, à la première
occasion.

Job. — Qu'est-il arrivé ?

Tao. — Vous pouvez imaginer la déception de
Phylis... Elle avait cru en eux... Ils l'ont trompée...
Vous aussi elle voulait vous croire.

Job (*tout affligé*). — Moi je l'aime vraiment...
Pour moi Phylis est le seul être qui existe... l'être
vivant le plus singulier.

Tao. — C'est pour cela que vous m'avez
demandé de baisser mon pantalon.

Job. — J'étais drogué.

Tao. — Combien d'hommes avant vous ont
répété ces mêmes mots puis ont accompli les
mêmes actes. Vous pouvez imaginer la douleur

de Phylis. Elle attendait quelque chose de différent, quelque chose d'autre que cette prosaïque union de deux sexes baveux.

Job. — Dites-lui, je vous en supplie, que les instants que je passe avec elle sont uniques !

Tao. — C'est ce qu'ils ont tous dit... jusqu'à ce que leurs pulsions les plus spontanées les poussent à frotter leur sexe au premier orifice venu.

Job (*sincère et attendri*). — Moi je ne suis pas comme ça.

Tao. — Vous êtes un homme comme les autres... comme tous ceux de votre acabit... un macho répugnant.

D'une corbeille d'osier Job tire une jupe d'organdi. Il l'enfile.

Job. — Regardez-moi... Dites-lui, vous voyez bien que je ne m'identifie pas à mon sexe. Pour qu'elle me pardonne je me féminise, je suis femme.

Il fait la femme de la façon la plus maladroite.

Tao (*ironique*). — Pour se mettre à votre niveau Phylis devrait se masculiniser... placer son ventre de femme sur vos fesses d'homme féminisé... (*mordant*) Comme c'est excitant !

Job. — Je voudrais me montrer fragile et imparfait comme tout ce qui est imité. Par amour, je voudrais être vulnérable et échanger les rôles.

Tao. — Cessez de chercher de nouvelles scènes pornographiques, voyou ! Et pensez qu'elle vous a cru, comme elle a cru les autres... votre assistant.

77

JOB. — Mon assistant aussi ?

TAO. — Avant de mourir, une paire de ciseaux plantée dans la poitrine, lui aussi a été amoureux d'elle... s'il fallait l'en croire. Ils passaient les après-midi sans bouger à se regarder dans les yeux sans rien dire.

JOB (*plein de rage*). — C'est... un paysan... si brutal, si vulgaire.

TAO. — Je croyais que vous l'appréciiez beaucoup.

JOB. — Ça n'empêche pas de savoir qu'il était incapable de la moindre spiritualité... Il était si peu raffiné...

TAO. — Il l'aimait tellement qu'il lévitait.

JOB. — Ne parlez pas de lévitation, vous exagérez.

TAO. — C'est pourtant vrai... Il y a des preuves... Une fois il a décollé du sol avec une telle force qu'en touchant le plafond il a fait un trou...

JOB. — Pourquoi ne m'a-t-il pas dit qu'il l'aimait ?... Il connaissait ma passion pour elle.

TAO. — Phylis le lui avait défendu. Pour lui, c'était insupportable de vous abuser... D'autant plus que ses rendez-vous se plaçaient les uns derrière les autres. Dès que Phylis avait fini de vous voir, votre assistant qui l'attendait chez vous dans les escaliers l'emmenait à la cave et ils y passaient des heures... Lui à ses pieds, pour ainsi dire.

JOB. — Il savait des choses que j'ignorais ?

TAO. — Phylis lui racontait que vous l'aimiez et les preuves que vous lui donniez. Il se sentait obligé d'aller toujours au-delà.

JOB. — Et cependant, il est mort.

Tao. — Une paire de ciseaux plantée dans le cœur.

Job. — Il n'a pas opposé de résistance ?

Tao. — Pas plus que les autres. Ils reçoivent la mort comme un baiser... Un sourire éclaire leur âme.

> *Job ôte sa jupe d'organdi.*
> *Perplexe, il respire profondément.*
> *Tao l'observe.*

Job. — La seule chose qui me ferait souffrir profondément ce serait de ne pouvoir prouver à Phylis mon amour.

Tao. — J'ai si souvent entendu la même phrase... Elle m'oblige à assister à tous ses rendez-vous... Je prends en sténo ce qu'elle dit et toutes les paroles de son amoureux.

Job. — Vous m'avez entendu moi aussi ?

Tao. — Observez cet appareil.

> *Il lui montre un petit transistor avec une*
> *espèce de très longue aiguille en guise*
> *d'antenne.*

Tao. — Ce n'est pas une antenne... mais une aiguille... Grâce à elle je traversais et je traverse encore les portes très facilement. Mais à son extrémité il y a un micro directionnel microscopique. Grâce à cet écouteur j'entendais et j'entends toujours tout ce qui se disait et je prenais note en sténo.

Job. — Pourquoi en preniez-vous note ?

Tao. — Phylis m'a demandé de transcrire et de conserver aux archives absolument tout depuis des années... Chaque amoureux a son classeur.

Job. — Ce n'est pas croyable... Phylis... si

inexorable selon votre description... Alors si vous avez tout noté vous savez qu'elle m'a demandé de battre le record ?

Tao (*tout heureux*). — Vous réussirez... A la troisième tentative, vous verrez ! Votre assistant se montrait si jaloux avant de mourir...

Job. — Et vous... vous êtes aussi amoureux d'elle ?

Tao. — Nos rapports, comme je vous l'ai déjà laissé entendre en d'autres occasions, sont si particuliers !

Job. — De quel genre ?

Tao. — Uniquement sexuels... Elle a tout misé sur le sexe. Voyez ce qu'elle me fait porter... Je dois vous avouer que je ne suis pas un castrat.

> Tao montre son ventre.
> Il est recouvert d'une sorte de ceinture de cuir très ajustée.

Job. — Qu'est-ce que c'est que ça ?

Tao. — C'est une ceinture qu'elle me fait porter pour être certaine que je ne me servirai de mon sexe qu'en sa présence. Voyez le cadenas.

> Il a un cadenas dans le dos.

Tao. — C'est un cadenas très sûr. Elle seule possède la clef qui peut l'ouvrir.

Job. — Je croyais que vous étiez son serviteur ou son secrétaire...

Tao. — Je suis son esclave en matière de sexualité... c'est ainsi qu'elle m'a défini... et j'ai conscience de l'être.

Job. — Elle... d'une telle spiritualité... est-ce possible ?

Tao. — Quand elle m'envoie en mission comme

cette fois, avant de me passer la ceinture elle attache mon sexe avec une ficelle pour que je ne puisse pas uriner.

JOB. — Pourquoi ?

TAO. — Elle aime savoir que je souffre en son absence. Voir les heures passer, la vessie pleine à éclater et ne pas pouvoir uriner est une des tortures les plus raffinées... On dirait que le ventre va exploser.

JOB. — Vous le lui avez expliqué ?

TAO (lui coupant la parole). — Phylis et moi nous n'avons aucun dialogue. Elle n'a qu'un droit, celui de donner des ordres que j'exécute scrupuleusement parce que sinon elle me punit de la manière la plus implacable.

JOB. — Vous m'aviez dit que vos rapports sont uniquement d'ordre sexuel...

TAO. — La seule chose qui l'intéresse dans mon corps et dans mon esprit c'est de découvrir les mécanismes de mes excitations, mes frustrations, mes orgasmes.

JOB. — Mais si vous n'avez pas le droit de parler ?

TAO. — Elle me traite comme si j'étais un insecte dans un laboratoire. J'ignore quels sont les résultats de toutes les expériences et les analyses auxquelles elle me soumet. Il semble que ce qui l'intéresse le plus ce sont mes réactions aux plaisirs et à la douleur.

D'entre les massifs il extrait la cage-prison qu'il décrit.

TAO. — Regardez cette prison... Elle en a plusieurs du même genre. Observez-la bien. Elle me met à l'intérieur et m'immobilise grâce à

81

toutes ces courroies. De la sorte, je suis assis et mon corps est divisé en quatre parties à l'aide de ces planches. Dans le premier compartiment se trouve ma tête qui est tenue par cette courroie fixée au cou et ces cales pour la nuque. Dans le second, séparé du premier et du troisième, il y a mes bras et mon thorax, dans le troisième elle emprisonne mon ventre et dans le dernier, mes jambes. De cette façon, elle peut observer impunément mes réactions.

JOB. — Combien de temps vous garde-t-elle dans cette cage ?

TAO. — Elle a fait une expérience qui a duré plus d'un an.

JOB. — Elle a la cage dans sa chambre ?

TAO. — Non, dans une cave... dans l'obscurité. Elle n'allumait la lumière que lorsqu'elle descendait me voir.

JOB. — Mais quelle horreur !

TAO. — Vous ne pouvez imaginer comme je me sentais heureux quand j'entendais ses pas... quand elle descendait me voir, même si c'était pour faire des expériences sur ma résistance à la douleur quand elle me brûlait. Lorsqu'elle apparaissait... J'éprouvais le plus grand bonheur de ma vie.

JOB. — C'était là ses expériences ?

TAO. — Tout dépendait du moment... Il y eut une période où elle s'est livrée à des expériences sur la masturbation. Elle avait placé un bouton que je pouvais actionner avec le doigt même quand mon poignet était attaché par une courroie. Dès que j'appuyais sur le bouton un appareil en caoutchouc frictionnait mon sexe jusqu'à l'apparition des premières gouttes de sperme.

JOB. — Mais ce n'était pas une expérience...

TAO. — J'avais des électrodes qui reliaient mon cœur et mon cerveau à des appareils enregistreurs. Elle a ainsi toujours su exactement comment je réagissais au frottement de l'appareil en caoutchouc, à celui de ses mains, de sa bouche ou bien aux coups de fouet, à la torture et aux brûlures.

JOB. — Je ne peux pas le croire.

TAO. — Regardez bien ma tête... Vous apercevez la marque des électrodes ?

Job les examine, épouvanté.

TAO. — Quand elle faisait l'amour avec moi... j'avais toujours peur qu'elle me coupe la tête au moment de l'orgasme.

JOB. — Quelle pensée morbide !

TAO. — Phylis a remarqué que certains insectes lorsqu'ils copulent peuvent, comme les scarabées, quand ils sont décapités avec une lame de rasoir, continuer pendant quelques minutes à se livrer au va-et-vient sexuel. D'après elle, telles étaient ses paroles, les insectes décapités persévéraient dans l'obéissance à la loi de l'instinct en suivant le rythme répugnant de l'univers.

JOB. — Elle disait que seule la mort peut et doit couronner le cahotement nauséeux des postérieurs... C'est pourquoi j'avais peur qu'elle m'égorge quand elle me conduisait aux spasmes.

HAUT-PARLEUR. — Mesdames et messieurs, il ne reste que trois minutes avant le commencement de la troisième et dernière tentative pour battre le record du monde.

TAO. — Avouez-le, Phylis ne vit que pour faire le mal... elle ne se plaît qu'à le provoquer.

JOB. — J'ai été témoin, avec elle, d'instants frénétiques...

TAO. — Qui vont se conclure par un destin inexorable.

JOB. — Même s'il en était ainsi... Je ne puis cesser de l'aimer.

TAO. — Vous êtes amoureux de l'absence de vie.

JOB. — C'est une révélation... une lumière.

TAO. — Ce qui vous arrive c'est que vous éprouvez la nostalgie d'une lumière définitivement éteinte... ou qui ne s'est peut-être jamais allumée... Et elle m'a chargé de vous droguer et de vous exciter pour que finalement, comme les autres, vous agissiez sans plus croire à l'amour pur, spirituel. Cette expérience avec vous, pour elle, est sûrement terminée. Vous n'êtes qu'un animal comme tous les hommes.

JOB. — Mais... avec vous... elle ne se comportait pas comme un être...

TAO (lui coupant la parole). — Ecoutez, rien que de me rappeler son corps nu sur le mien, j'en ai des frissons.

Il frémit.

JOB. — On dirait que vous ressentez les spasmes... de l'agonie.

TAO. — Elle m'a habitué à jouir... Elle m'a drogué exprès... J'ai besoin de la danse que me procure les mouvements de son ventre sur moi.

JOB. — La danse de l'amour, de la vie ?

TAO. — Donner la vie pour elle... c'est aller doublement vers la mort. L'amour, pour elle, c'est une révélation pitoyable de nos faiblesses.

84

JOB. — Vous voulez dire qu'elle s'est moquée de moi ?

TAO. — Non, elle aurait aimé que vous lui montriez la dévotion et l'amour comme fondement de toutes les valeurs morales et source naturelle de toutes les vertus... Imaginez sa déception.

JOB. — J'ai l'impression que moi aussi, comme vous, j'ai été enfermé par elle dans une cage...

TAO (*lui coupant la parole*). — Dans une prison spirituelle et elle vous a minutieusement observé.

JOB. — Mais en sachant qu'elle m'est infiniment supérieure ; mon amour consiste aussi à vouloir la perfectionner — excusez mon orgueil — et à éviter tout ce qui peut la déshonorer. Je la protégeais mieux qu'elle ne me protégeait.

TAO. — Vous croyez que bien qu'elle agisse sans aucun sentiment elle demeure fascinée par la bonté ?

JOB. — Le rêve d'un amoureux, c'est d'aimer sincèrement et de servir.

TAO. — Préparez-vous, on vous appelle... pour le record.

JOB. — Dites-moi... Pourquoi Phylis m'a-t-elle demandé avec tant d'intérêt de soulever ce poids si énorme ? De battre le record ?

TAO. — C'est votre raison d'être, l'haltérophilie, non ?

JOB. — Depuis mon adolescence... j'ai vécu comme un moine ou comme un soldat, en menant à bien une aventure que presque personne au monde ne peut apprécier... être le plus fort.

TAO. — C'est si fascinant de voir qu'un homme d'une force brutale s'exprime comme un mys-

tique ou comme un poète ! Ce combat contre
soi-même dans le silence et l'anonymat presque
complet est si extravagant ! Une activité — ou
un sport si contradictoire devait intéresser
Phylis.

Job. — Que veut-elle de moi au juste ?

Job. — Ne vous l'a-t-elle pas dit ? De battre le
record, de soulever ce poids contre lequel vous
avez lutté pendant tant d'années, tant de lustres
et pour lequel vous avez consenti des sacrifices
sans nombres... Si vous réussissez, que ressentirez-
vous ?

Job. — Je ne puis l'imaginer... un bonheur de
cet ordre... est unique.

Tao. — Ce sera quelque chose de semblable
à l'allégresse éprouvée par un anachorète retiré
dans le désert quand il reçoit la visite d'un
ange ?

Job. — J'imagine que si j'y parviens je sentirai
comme une explosion mentale.

Haut-parleur. — Mesdames et messieurs... il
ne reste plus que deux minutes. Le grand champion Job va grimper les échelons pour se rendre
sur la plate-forme où il va tenter de battre son
record d'un moment à l'autre.

Tao (d'un air assuré). — Cette fois vous allez
réussir ! Tout à l'heure, quand elle m'a déposé
entre les ronces, elle m'a remis un message pour
vous... J'ai dû l'apprendre par cœur.

Job. — Que dit-il ?

Tao (récitant de mémoire). — « Bats le record
à la troisième tentative. A l'instant où l'arbitre
annoncera que tu as réussi, reste une seconde
de plus les bras en l'air en soutenant la barre...
je lancerai vers toi les ciseaux qui pénétreront

dans ton cœur. Au sommet du bonheur... tu cesseras d'exister... tu ne connaîtras pas la déception. »

JOB. — Elle va me tuer ?

TAO. — Oui.

JOB. — Ainsi soit-il !

Trompettes.
Job grimpe les échelons et atteint la plate-forme au milieu des ovations du public. Tandis qu'il grimpe, Tao, en qualité de victime, prend place dans la cage-prison. Lorsqu'il est installé, paralysé, immobile, la cage tirée par une corde disparaît à droite, en glissant sur des roulettes.
Le jardin devient totalement obscur tandis que la plate-forme brille de mille feux. Job s'y retrouve, hiératique... comme méditant en silence.

HAUT-PARLEUR. — Mesdames et messieurs, nous vous prions d'observer un silence complet. Ce dernier essai est le but de toute une vie pour un athlète exceptionnel. Si le champion réussit, comme nous l'espérons, à soulever ce poids fabuleux, après tant d'années d'entraînement et de sacrifices, il aura inscrit son nom au plus haut sommet de l'haltérophilie. Silence.

Lentement, Job se frotte les clavicules avec de la résine. Il médite à voix haute.

JOB. — Seigneur, bénis soit ton Saint Nom et que Ta volonté soit faite. Je suis prêt au sacrifice. Entre le ciel et la terre la vie d'un homme s'écoule aussi vite qu'un rayon pénètre par la fente d'un mur... A peine a-t-elle surgi qu'elle est déjà finie.

Il enduit minutieusement ses mains de résine. Il dit, illuminé :

JOB. — La modestie absolue ne se montre pas modeste, le courage absolu n'est pas téméraire, le discours absolu ne se prononce pas et l'amour ne se dit pas davantage. Proclamer mon amour pour Phylis sans paroles, c'est posséder le trésor... et soulever le monde avec mes bras.

Il se penche et place ses mains en deux points équidistants de la barre.

JOB. — La vie... est-ce la vie ou la mort ?... La mort... est-ce la mort ou la vie ? Pourquoi haïr l'une et aimer l'autre ? Mort et vie sont les deux faces inverses mais équidistantes d'une même réalité.

Il respire profondément.

JOB. — Mon corps, comme le ciel et la terre reçoit la vie du souffle de Dieu. Cette masse d'acier va être soulevée par un souffle.

D'un violent effort il monte la barre à la hauteur de ses épaules. Il respire avec une difficulté infinie.

JOB. — Seigneur... Je sais que Phylis s'apprête à me tuer. Aide-moi à accepter le sacrifice... Je soulèverai le poids si je découvre toute ma nature et mon énergie cachées sous les couches de l'ignorance.

Il respire.

JOB. — Je suis comme toi. Seigneur... Monte... Monte...

> *Job hisse la barre vers le haut comme au ralenti.*
> *Quand les haltères sont tout en haut, Job maintient la barre immobile.*

HAUT-PARLEUR. — Mesdames et messieurs... Job a réussi... Il a battu son record historique.

> *Aussitôt, clameur interrompue.*
> *Des ciseaux lancés avec force, volent vers la poitrine de Job et s'y plantent.*
> *Job s'écroule, agonisant.*
> *Silence dans le public.*
> *Phylis entre en courant (c'est Tao), vêtue d'une très belle robe qu'elle vient de mettre.*
> *Phylis prend dans ses bras Job agonisant, il parle avec beaucoup de difficulté.*

JOB. — Phylis ! Tu es enfin arrivée ! Tu t'es déguisée en Tao ! Tu as joué le rôle de mon assistant. Pourquoi ? Tu m'as fait vivre si intensément ! Pourquoi tant de mystère ?

> *Phylis le soutient avec une douceur infinie et avec amour.*
> *Job est sur le point de mourir.*

JOB. — Un mystère se joint à d'autres mystères... et tous forment la Porte des Merveilles.

> *Job meurt tandis que tombe :*
> *LE RIDEAU.*

APOKALYPTICA

LA BIBLE - LES LIVRES

Opéra de Fernando Arrabal
Musique de Milko Kelemen

Cet opéra fut créé le 10 octobre 1979 au *Schauspielhaus* de Graz avec la distribution suivante :

Roswitha Trexler, Soprano
Franziska Hammer-Drexler, Soprano
Eva Novsak-Houska. Mezzosoprano
Marjana Lipovsek, Alto
Martin Klietmann, Ténor
Helmut Wildhaber, Ténor
Karl Kumpusch, Baryton
Hermann Becke, Récitant
Gerhard Wambrechtshamer, Instrumentiste
Vim van Zutphen, Instrumentiste
Studio Percussion Graz : Günter Meinhart,
Günter Hofbauer, Gerhard Wennemuth, Berndt Luef
Chef d'Orchestre : Karl Ernst Hoffmann

LA GENÈSE

— Dans une demi-obscurité un livre gigantesque s'ouvre et vomit un deuxième livre.

— Le second livre s'ouvre à son tour vomissant un troisième livre.

— Le troisième livre s'ouvre également et vomit un quatrième livre.

Et ainsi de suite jusqu'au septième livre.

*
* *

— Du premier livre surgit la lumière.

Puis, du deuxième livre surgit le firmament (le ciel occupe le fond de la scène).

Puis du troisième livre sortent un arbre, une montagne et une vague.

Puis du quatrième livre jaillissent des astres qui s'élèvent vers le ciel.

Puis, du cinquième livre sortent un aigle et un dauphin.

Puis, du sixième livre jaillit un tigre, un homme et une femme nus qui courent jusqu'à l'avant-scène.

Une multitude de pommes est déversée par une grue sur le couple qui est bientôt enseveli par une montagne de fruits.

Puis, les livres se referment tandis que l'on entend les ronflements de Dieu.

L'EXODE

Au fond de la scène : un paysage très réaliste qui se compose du firmament, des étoiles, de la montagne, de l'arbre et de la mer.

(Chant grégorien)

Le paysage se met à avancer et se dirige vers l'avant-scène, en direction des spectateurs.

(Bruits de bombardements)

Le paysage se désintègre et se transforme en seize cubes.

(Récit des neuf fléaux)

Chaque cube est une sorte de cage. Dans chacune des seize cages se trouve un homme qui nous apparaît tout d'abord en ombre chinoise.

Puis les seize hommes sont parfaitement visibles et on voit que chacun d'eux fait une action différente :

— Un homme se masturbe.

— Un homme défèque.

— Un homme prie.

97

— *Un homme pleure.*
— *Un homme mange.*
— *Un homme dort.*
— *Un homme se bat contre des rats.*
— *Un homme fait de la gymnastique.*
— *Un homme se bat avec un fusil.*
— *Un homme fait un discours.*
— *Un homme écrit.*
— *Un homme se débat dans une camisole de force.*
— *Un homme se pend.*
— *Un homme s'habille et se déshabille sans arrêt.*
— *Un homme joue aux cartes.*
— *Un homme se lave les pieds.*
Entre une excavatrice qui se met à parler en ouvrant et fermant son énorme bouche de fer :

EXCAVATRICE. — Ecoutez-moi, vous devez faire « Ja mijyrtretrepo a trefulquare col gretinqdez ».

Tous les hommes vont vers les barreaux de leurs cages et crient un slogan politique :

VOIX. — Coucouri coua coua, coucouri coua coua...

Ils crient à tue-tête mais leurs paroles sont incompréhensibles.
Une petite fille entre en scène en courant et en riant :

PETITE FILLE. — L'homme prendra son bâton le jettera devant le puissant
et il deviendra un serpent.

Puis les neufs fléaux écraseront la terre :

— *Premier fléau :*
L'eau des fleuves et des mers se changera
en sang noir.
Les poissons crèveront
et l'eau deviendra si puante que les
hommes ne pourront en boire une seule goutte.
Et la terre se transformera en un marécage visqueux que ne pourront assainir ni les savants
par leur science ni les magiciens par leurs sor-
tilèges.

Deuxième fléau :
Les grenouilles interplanétaires infesteront
tous les territoires
et pénétreront dans tous les palais,
dans les appartements, dans les couches,
dans les demeures de vos maîtresses et de
vos femmes, dans les supermarchés,
dans les fours et dans les niches.
Les grenouilles grimperont même sur les
hommes, les enfants des hommes et leurs
femmes.

Troisième fléau :
La poussière se changera en moustiques
et les gens et les bêtes seront alors la proie
de leurs piqûres.

Quatrième fléau :
Les taons par milliards de milliards envahiront
les gratte-ciel
et toutes les résidences des hommes
et ruineront les nations.

99

Cinquième fléau :
Les troupeaux qui sont dans la campagne
les chevaux, les ânes,
les chameaux, les chats d'appartement,
les bœufs et même le petit bétail
périra d'une peste meurtrière.

Sixième fléau :
Une suie de fourneau dont personne ne
connaîtra la provenance
s'étendra, en poussière impalpable sur toutes
les nations,
et provoquera sur les gens et les bêtes
des éruptions bourgeonnantes en pustules
des cancers
qui n'épargneront ni les médecins ni les prêtres.

Septième fléau :
La grêle s'abattra avec une violence inconnue
jusqu'alors dans l'histoire.
Tous, hommes, bêtes ou arbres qui n'auront pas
été ramenés dans les maisons
périront, victimes de la grêle.
La foudre frappera le sol
et il y aura au milieu des éclairs jaillissants
une grêle d'une violence telle qu'elle hachera
toutes les herbes des champs et qu'elle
brisera tous les arbres.

Huitième fléau :
Un vent se lèvera qui soufflera sur toutes les
nations
au matin le vent d'est apportera des sauterelles
qui envahiront toutes les villes et les campagnes.
Elles couvriront à ce point la surface de la terre
que le sol ne se pourra voir.

Elles dévoreront toute la végétation et aussi tous les fruits
et pas un brin de verdure ne subsistera.

Neuvième fléau :
Des ténèbres épaisses à se pouvoir palper recouvriront tous les pays.
L'obscurité sera si profonde que les hommes ne pourront pas s'apercevoir
et, effrayés ils resteront sans bouger jusqu'à la fin des jours.

**

UN HOMME FAIT UN DISCOURS : Fais ta prière, toi le coupable,
le dévastateur des richesses de la terre.
Malheur à toi et à tes crimes.
Tu as insulté la nature
et quand elle s'irrite, l'univers tremble
et les étoiles ne peuvent soutenir sa colère.
Que ta chair soit traversée par dix mille couteaux
trempés de sel et d'acide
que tes oreilles soient mangées par les chameaux
que ton œil droit orne un bijou d'esclave
et que ton œil gauche soit mastiqué par un chat sauvage
qu'on enfouisse ta tête dans les excréments
que ton cœur devienne un puits noir.
Tu étais pervers et cynique
homme de notre siècle
avide de jouissances frelatées.

101

Ne te plains plus,
les filles de la ville ne t'écouteront plus,
la tourterelle, la cigogne, l'hirondelle
connaissent les saisons
mais pas la haine éternelle et immuable
que, à cause de ta veulerie,
homme de malheur,
tes descendants auront pour toi.

EXCAVATRICE. — Vous, les profiteurs, les semeurs
d'infertilité, les corrupteurs,
écoutez-moi
et que la terre écoute mon appel à la
clémence.
Vous devez faire ceci :
ja maratitilolu afganterislo kiloteras

> *L'excavatrice répète deux fois sa « phrase »*
> *syllabe à syllabe, très lentement.*

HOMMES. — Coucouri, coua, coua, coucouri
coua coua, coua, coua, Prililili tan.

> *Ils répètent plusieurs fois cette « phrase »*
> *comme s'il s'agissait d'un slogan de mani-*
> *festation.*

LE LÉVITIQUE

Un homme tombe lentement des cintres vers la scène accroché à un énorme parachute ouvert, épanoui comme une fleur gigantesque.

Une femme tombe également, elle est suspendue à un parachute semblable à celui de l'homme.

Tous deux sont nus.

Ils atterrissent sur scène enlacés l'un à l'autre.

Ils font l'amour tandis que les toiles des parachutes les recouvrent lentement et bougent telles des vagues.

La mort apparaît : c'est un squelette portant une faux.

Elle retire les toiles de parachutes.

L'homme et la femme, le couple, portent maintenant des masques à gaz et se mettent à faire l'amour à nouveau.

Deux tanks robots pénètrent sur scène et écrasent le couple (pluie de sang).

(On entend alors une voix qui parle des animaux purs et impurs, des souillures de l'homme et de la femme, de la lèpre et des diverses fêtes.)

Une petite fille se trouve au premier plan, elle porte une robe de première communiante et tient à la main un fouet.

Elle chante une complainte et à l'aide de son fouet fait « travailler » les tanks, comme s'il s'agissait d'un numéro de dressage d'éléphants de cirque.

Les tanks se mettent à cracher une épaisse fumée noire (polluante) qui cache totalement la scène aux spectateurs tandis que la petite fille se met à léviter et apparaît en chantant dans le ciel au-dessus de l'épaisse fumée.

NOIR.

Tandis que l'homme et la femme tombent des cintres.

Voix off :

HOMME. — Séduis ta femme et conduis-la au désert et parle à son cœur
ne ferme pas ses chemins avec des épines
n'obstrue pas sa route avec le feu
ne remplis pas ses entrailles de rats crevés
mais d'orchidées savonneuses.
et toi,

FEMME. — N'appelle pas l'homme Baal,
Ne le couvre pas d'appareils mécaniques
mais fais-le dormir en sécurité
donne-lui le pain, l'eau,
la laine et le lin,
l'huile et la boisson,
et des vignes et des figuiers pour couvrir
sa nudité.

104

Un clown surgit de la tourelle d'un des tanks.

CLOWN. — Mettez la bête pure à part de l'impure,
l'oiseau de bonheur loin de l'oiseau de
malheur, l'avion de combat loin de l'homme
de paix.
Tout homme qui immolera taureau, agneau ou
chèvre, sera retranché du milieu de
son peuple.
Nul d'entre vous ne boira de sang
ni n'appartiendra à aucune armée.
Ne vous rendez pas impurs par crime contre
vos semblables.
Tu aimeras ton prochain comme toi-même
et la femme s'épanouira dans ton amour.
L'homme et la femme ne seront souillés que par
l'indifférence,
vous devez vivre intensément coûte que coûte.
Vous ne ferez pas d'idoles,
vous ne dresserez ni statue ni stèle,
vous ne mettrez annonces de néons pour vous
prosterner devant elles,
Vous célébrerez mille et une fêtes
pour l'exaltation de vos sens.
La lèpre, la radioactivité et le cancer
vous cerneront si vous restez passifs.
Si vous ne m'écoutez pas
je lâcherai contre vous des engins et des
bêtes sauvages qui vous décimeront et vous
anéantiront et qui feront de vos chemins
des déserts.

La petite fille faisant travailler les tanks.

PETITE FILLE. — A la soupe, soupe, soupe
au bouillon, ion, ion
zeille, zeille, zeille
la soupe à l'oseille
c'est pour les demoiselles,
la soupe à l'oignon
c'est pour les garçons
à la vanille
pour les jeunes filles
au citron
pour les garçons
Allons la farifondaine
la faridondon !
Le tank qui ne mange pas
sortira du rond.

LES NOMBRES

Obscurité complète.

Bruit de locomotive.

Lumière.

Une « locomotive-phallus » fait du surplace et émet des bruits (bruits sexuels).

En face d'elle se trouve le tronc gigantesque d'une femme (sexe et poitrine) d'aspect très réaliste.

Une procession d'infirmes avancent sur scène sur un rythme sexuel.

La locomotive avance enfin et viole le sexe de la femme.

Les estropiés se précipitent eux aussi sur le corps de la femme. Ils se jettent sur les cuisses et les seins de la géante. Ils se frottent contre son corps.

Coups de trompette militaire.

La locomotive sort du sexe de la femme géante et s'immobilise sur scène. Elle crache du sperme et de la fumée tandis que les estropiés forment une procession et quittent la scène en portant

107

des drapeaux et en chantant des hymnes guer-
riers.

Marche des estropiés.

CHANT DES ESTROPIÉS. — Ecoute la voix qui murmure dans nos entrailles
tout à l'heure ce sera un cri.
Regarde le pigeon qui surgit de nos pantalons
tout à l'heure ce seront un aigle et un serpent.
Palpe le petit jet qui sort de nos ventres
tout à l'heure ce sera un torrent chaud.
Le soleil habitera nos sexes
et brûlera ton ventre blanc.
Tu recevras la caresse de mille phallus.
Nous serons les vagabonds
qui s'hébergerons dans ta vigne.
Nos membres couverts d'écailles de fer
seront des chardons pour ton lys.
Tu es belle, désirable
combien enivrante sera ta chaleur.

*
* *

MARCHE DES ESTROPIÉS. — Tuons. tuons, tuons, c'est la guerre,
tuons, tuons les enfants mâles
tuons toutes les femmes qui ont partagé la couche d'un homme.
Tuons les prisonniers.
Envoyons des bombes au napalm, des fusées, des gaz,
tuons, tuons, tuons,
c'est la guerre
vive l'expédition guerrière,
nous sommes une multitude de soldats

108

nous allons tout saccager autour de nous
comme un bœuf broute l'herbe des champs.
Faisons de nos ennemis des fuyards ou
des morts
et des filles vierges des captives
détruisons,
tuons, tuons,
c'est la guerre.

DEUTÉRONOME

Une place de taureaux.
On annonce une corrida.
Trompettes.

ANNONCE APRÈS TROMPETTE. — C'est la loi :
vie pour vie
œil pour œil
dent pour dent
main pour main
pied pour pied

Lorsque les deux hommes se battent
si la femme s'approche de l'un d'eux
et pour dégager son mari
saisit les parties honteuses de son ennemi
il peut lui couper la main sans un regard
de pitié.

C'est la loi :
vie pour vie
œil pour œil
dent pour dent
main pour main

pied pour pied

que cette doctrine ruisselle comme la pluie,
que ces paroles tombent comme la rosée.
Et maintenant, assistez tous
au combat de l'eau contre le feu.

*
**

Paseillos.

TOUT A COUP ON ANNONCE. — « Et maintenant
l'eau va lutter contre le feu. »

*Entrent deux petites filles vêtues de blanc
chacune d'elles portant un coq de combat.*
Combat des coqs
*(chacun d'eux a son nom inscrit sur son plu-
mage, l'un : feu, l'autre : eau...)*
L'un des deux gagne.

ANNONCE. — « L'eau est déclarée vainqueur !
L'eau a vaincu le feu ! »

ANNONCE APRÈS LA TROMPETTE. — L'eau est vainqueur
qu'elle venge le sang de nos morts
qu'elle purifie la terre,
elle a réduit en pousière les calamités.
Le feu de la colère,
naît des profondeurs,
qui dévorait la terre
est terrassé à jamais.

Bruits de foule qui applaudit.
*Le coq qui a gagné arrache les yeux de la
petite fille à qui il appartient.*

111

*L'autre fillette a pris le corps de son cop,
mort, et le berce entre ses bras.*

*A ce moment précis : éclairs, bruits de ton-
nerre, feu, ouragan, tout est dévasté.*

*Le coq survivant est seul en scène et se trans-
forme en une colombe de la paix métallique.*

VOIX OFF D'UN ANCIEN. — Que tu es belle
que tu es belle
Tu es la colombe
tu es la paix avec le voile
tu étais coq de combat et tu es devenue
le plus beau des oiseaux
le miel et le lait
sont tes frères.
Tu enivres la terre
de tous les parfums d'Arabie.
Que tu es belle,
que tu es belle,
colombe de la paix.

La colombe s'envole.

*On tire des coups de mitraillette sur la
colombe qui finit par tomber et se casser en
millions de réveils minuscules qui se mettent
à sonner.*

LES JUGES

Un sablier géant,
à l'intérieur le sable est remplacé par des hommes qui tombent sans cesse.
Au sommet du sablier des femmes donnent naissance à des enfants.
Le fond du sablier est jonché de squelettes.

> *Voix provenant de derrière les spectateurs.*

Voix. — Si le grain de blé ne tombe en terre
et ne meurt
il reste seul
s'il meurt
il portera beaucoup de fruits
Vous serez chassés
vous serez précipités dans une fosse
et vos têtes seront submergées par des cadavres
et les cadavres des cadavres
jusqu'à la fin des temps.
Vous naîtrez dans la douleur
et périrez de même

et tes frères et tes parents
ne te pleureront qu'une saison.
Vos vies sont des fleuves
qui vont se jeter dans la mer
qu'est la mort.

      Mêlées à cela des voix très gaies chantent.

LES VOIX. — Heureux, heureux chantons
la vie, l'amour
le baiser de ta bouche
ton ventre d'ivoire
et tes lèvres de printemps.
Mangeons les fruits délicieux
de ce jardin des délices
et sous un pommier
nous nous enlacerons
jusqu'à la frénésie.
Heureux, heureux chantons
la vie, l'amour.

Le fond du sablier est jonché de squelettes.
Bruit de train.
Pleurs de nouveau-nés.
Pleurs de vieillards.
Rires de jeunes enfants.
La vie continue sur son rythme habituel.

LES ROIS

Une énorme bouteille munie de roues.
A l'intérieur de la bouteille se trouve un mouton.
La bouteille court comme un cheval.
Un énorme verre muni de roues.
A l'intérieur du verre se trouve un lion.
Le verre roule et rugit.
Deux robots entrent en scène et versent le contenu de la bouteille dans le verre.
Le lion mange le mouton tandis qu'un parterre de femmes élégantes applaudit, elles portent chacune un livre religieux.

TAMBOURINAIRE. — Le condamné sera dévoré
il a voulu détruire les palais, les ministères
et abattre les casernes et les forteresses
mais il va gémir et ses gémissements
seront écoutés pour notre plaisir.
Venez en famille
l'ennemi sera égorgé devant vous
et pour votre jouissance.
Ne vous laissez pas abuser par son costume

115

de mouton
il était pervers et cynique.
Malheur à lui et à ses crimes
et qu'on coupe ses mains,
sa langue, ses doigts de pied un à un,
son nez et ses oreilles
et qu'on les plante dans la muraille
à la vue de ses enfants.

Le lion dévore lentement le mouton tandis que deux acteurs récitent et chantent *Roméo et Juliette* (voir Shakespeare).

LES PSAUMES

Obscurité.
Une radio communique des nouvelles sur la guerre.

COMMUNIQUÉ DE LA RADIO. — Après une journée d'intense activité sur tous les fronts, nos héroïques troupes attendent dans leurs tranchées le moment tant espéré de la contre-attaque.

Nos soldats au pied du canon sont prêts pour lancer la contre-offensive victorieuse qui marquera un moment décisif dans la grande bataille.

Notre armée tout entière, du haut commandement au plus humble homme de troupe se tient prête à défendre de la manière la plus héroïque les grands idéaux de notre patrie invaincue.

Champs de bataille.
Tranchées.
Barbelés.
On ne voit rien.
Les adversaires se font face.

Finalement un cul apparaît au-dessus d'une tranchée et pète.

Dans le camp adverse un soldat soulève son cul et pète à son tour.

Peu à peu le combat de pets se généralise : tous les soldats ont le cul dressé, certains meurent en se tenant les fesses tachées de sang de leurs mains.

Passe un avion dont le pilote se met à chier sur les soldats.

Certains meurent.

Obscurité.

COMMUNIQUÉ DU HAUT ÉTAT-MAJOR. — Notre armée, dans un combat corps à corps, est en train d'écrire une des pages les plus brillantes de l'histoire de notre patrie. Tous nos hommes défendent l'honneur de notre drapeau et le prestige de nos valeurs impérissables qui sont l'essence même du patrimoine de nos ancêtres.

LES PROVERBES

Un immense obélisque cylindrique fait de caoutchouc couleur chair.

Une femme s'approche de l'obélisque et le caresse.

LA FEMME. — Tu es beau
tu es le muscle
Je veux que tu reçoives le baiser de ma bouche.
Que tu es beau
tu nais sur des colombes
et tu te hisses comme une poutre de cèdre.
Tu es la vie,
tu es la vie de la vie.
Ah que ton fruit sera doux à mon palais
je suis malade d'amour.
Tu sèmes la terre d'enfants et d'enfants
d'enfants
comme le sable de la mer
qui ne compte ni ne mesure.
Entraîne-moi sous ton ombre
et transforme mes cris de douleur
en joie infinie.
J'ai besoin de ta chair.

j'ai besoin de te laver de ma salive
et que tu meurtrisses mes seins blancs
et mon ventre de biche.

CRIS GROTESQUES. —

En même temps, très spirituellement.

— Branlez-vous !
— Enculez-vous !
— Vive le cul !
— Libérez les bites !
— A bas les slips !
— Je mange le sperme de mon homme avec des frites !
— Baisez jusqu'au sang !

— Sois sage et discipliné
— La cupidité mène à la perte
— Que bienveillance et fidélité ne te quittent
— Ne bois pas le vin de la violence
— La route des justes est la lumière de l'aube
— L'homme qui médite sur le mal suscite des procès.

L'obélisque grandit sous l'effet des caresses de la femme qui éjecte par son sommet une pluie de lait.

Pendant ce temps une fillette joue à la marelle et, au moment de l'éjaculation, la fillette se trouve dans la cage marquée « enfer ».

CHŒUR DE CHIENS HURLANT. — Tu es en enfer, putain !

LE CANTIQUE DES CANTIQUES

Bruit de train en marche.
Lumière.
Sur scène des trains circulent sans arrêt sur des rails fixés perpendiculairement par rapport à la scène (les trains vont donc de haut en bas).
Deux machines agricoles roulent sur scène en évitant dédaigneusement de heurter les rails.
Les deux machines dansent une sorte de tango.
Les deux machines s'approchent l'une de l'autre, s'embrassent, et dansent le tango tandis qu'un immense voile blanc tombe des cintres et les recouvre.
Mariage des machines agricoles.

PRÊTRE. — Tu es une machine agricole et tu prends mari
je vous bénis tous deux
que rien ne vous sépare
ni l'arc ni l'épée
ni la guerre
ni les chevaux
ni les cavaliers aveugles.

Faites la paix avec les bêtes des champs
avec les oiseaux du ciel
avec les reptiles de la terre
et avec les machines des hangards
Je vous unis dans le sacrement du mariage.

MACHINE MALE (*à la femelle*). — Que tu es
excitante ma bien aimée
que tu as de beaux roulements à billes
tes phares sont des étoiles
et ton moteur une gazelle dans la voie lactée.

MACHINE FEMELLE (*au mâle*). — Viens à moi
mon fiancé, mon futur mari
tu arrives des cimes de la fraîcheur.
Je te reconnaîtrai entre dix mille machines.
Ta tête est d'or
et tes pistons sont des palmes
noires comme le corbeau
et ta carrosserie distille la myrrhe pour
mon corps vierge.

*Soudain les trains tombent sur les deux
machines et les détruisent.*
(Requiem.)

L'ECCLÉSIASTE

Un bateau transporte un canon démesurément grand.
Il traverse un lac avec beaucoup de difficultés.
Sous le commandement de militaires, des hommes tirent le bateau, certains tombent à l'eau.
Le bateau continue sa traversée.

LE GÉNÉRAL. — Voilà le moment de la destruction des rebelles
les justes seront sauvés
mais pas vous
insatisfaits, travailleurs avides de bénéfices,
vous par qui la terre désolée fume encore.
A cause de votre perversité
vous serez châtiés dans votre corps et dans votre âme.
Vous n'avez participé à la prospérité que par la contrainte.
Votre esprit fou de douleur va se perdre dans la nuit de la création
pour toujours.

123

Vos pensées mêlées de crachats vont remplir
les latrines.
Vos illusions sortiront en tourbillons
et seront diluées dans ses vapeurs infectes
et vos âmes macérées dans la merde
seront perdues pour les siècles des siècles.
On vous collera contre le mur
et le canon en finira avec vos vies de rebelles.
Vous étiez sur les barricades
vous travailliez à contrecœur
et maintenant que vous allez crever,
hurlez !

Quand le bateau arrive à quai, les militaires
se saisissent des marins et les collent au mur
pour les tuer avec le canon.

Un aigle mécanique se jette sur les cadavres
pour les dévorer.

Puis, heureux, il se pose sur le canon, le fût
entre les pattes : on dirait un sexe de cauchemar.

L'APOCALYPSE

Air lancé avec force qui fait mouvoir un voile géant de couleurs phosphorescentes : le voile, en bougeant, fait jaillir toutes sortes de couleurs et prend toutes sortes de formes.

La scène entière devient un jeu de lumières, avec des milliers d'ampoules multicolores qui semblent obéir au son d'un piano que fait jouer un dragon à phallus de fer.

La lumière, toujours sur commande musicale, fait des dessins divers qui se dirigent vers le public.

Le public se trouve entouré de 30 000 hyènes et de 10 000 chiens enragés.

Musique hallucinante. Sirènes de pompiers.

Des lumières s'allument, toujours sur commande musicale, éclairant sous les fauteuils des spectateurs.

Coups de canon.

Sur un grand écran, de multiples images, très différentes les unes des autres, sont projetées. Elles reproduisent d'une manière chaotique des passages des livres précédents.

125

D'une manière mécanique, des phallus et des sexes de femmes géants, se gonflent sur scène.

Forte musique qui provient de derrière les spectateurs.

Dans la salle, un chanteur et une chanteuse avancent à quatre pattes, se frayant un passage entre les spectateurs. Ils se disent les mots les plus poétiques du Cantique des Cantiques.

FEMME. — Baise-moi des baisers de ta bouche
ton amour est plus délicieux que le vin
et tu exhales le plus enivrant des printemps.
Entraîne-moi sur tes pas, courons !
Mène-moi au cinéma de ton ventre
et illumine-moi de mille mécanos cracheurs de feu.

HOMME. — Tu me fais perdre le sens,
ma fiancée, sœur de ma chair,
par un seul de tes regards.
Tes lèvres
distillent le lait et l'entonnoir des fantaisies.
Le parfum de ton linge est mon jardin.
Tu es le puits d'eau vive
ruisselant de confetti
et de rythmes de jazz.

FEMME. — Souffle dans mon jardin
et goûte tous mes fruits et mes draps
sois mon dauphin que je savonne
de mon lait et de mon miel.

HOMME. — Je sucerai ton corps
comme une demi-grenade.

FEMME. — Je serai ta cigogne
prête à tous tes caprices.

HOMME. — Je sens le feu

126

qui embrase ma maison.

FEMME. — Pose ton bras gauche sur ma tête
et le droit sur ma taille
et étreins-moi
c'est l'heure du plaisir.

HOMME. — Les mandragores exhaleront
leur parfum à notre porte
et l'intérieur de ton corps sera douché
par des jasmins qui jailliront
de ma fleur dure et érigée, pour toi.

*Le chef d'orchestre arrive en courant, se désha-
bille, met des gants de boxe et dirige l'orchestre
en faisant les mouvements d'un boxeur à l'entraînement.*

Les musiciens sont des ours.

*Le chanteur et la chanteuse arrivent au centre
de la scène, ils s'y vautrent.*

*Entrent des cuisiniers très chics qui font des
mayonnaises. Les deux chanteurs se convulsent
au rythme des bruits provoqués par les cuisiniers.*

*L'orgasme arrive, les mayonnaises se répan-
dent alors sur les corps des deux chanteurs.*

Les ours liment des morceaux de fer.

*Ballet d'un homme et d'une femme : ils sont
attachés par une même corde, liée autour de
leur sexe.*

Les ours liment toujours.

*Le ballet devient de plus en plus obscène, la
femme touche la corde, la suce, et l'introduit
progressivement dans son corps.*

*Dix hommes entrent en scène, ils portent de
grosses cordes. Ils frottent ces cordes contre le
corps de la femme tout en la déshabillant.*

Les ours liment toujours.

La femme est maintenant entourée d'énormes cordes, qui lui dictent ses mouvements et lui font exécuter une danse lascive.

Entrent des joueurs de football qui dansent d'une manière obscène avec une jeune fille très belle et fragile.

La scène se peuple d'une série de ballets :
— Ballet bestial des ours.
— Ballet des machines agricoles.
— Ballet d'objets divers :

Chaises — drapeaux
Livres — serpents
Tables — chapeaux
Canon — dauphins
Etc.

Les joueurs de football descendent dans la salle et déshabillent plusieurs spectatrices. En même temps des motocyclettes parcourent les allées en distribuant des sexes aux enfants.

Tout à coup les trois cents personnes qui jouent viennent sur le devant de la scène, s'immobilisant et regardant le public, longuement.

Entre une pyramide formée de cinq cochons. Le cochon du haut chante un air d'opéra.

Entre ensuite une pyramide de moutons, le mouton du haut donne la réplique au cochon en chantant lui aussi.

Air très romantique.

Les trois cents acteurs, danseurs et exécutants s'agenouillent.

Scène très romantique, interrompue par l'arrivée d'hommes vendant des lingots d'or.

Un immense rideau de pluie se met à tomber.
Puis plus rien.
Ensuite, simultanément, se déroulent les sept livres qui ont précédé l'Apocalypse.

*   *
*

Apparition d'un très haut escalier descendu par les sept livres 4 (du commencement de l'opéra).
La scène s'obscurcit à moitié.
Une fois sur la scène chacun des livres avale son voisin.
Il ne reste plus que le grand livre de la « Genèse ».
Puis la scène est totalement vide.
Silence.
Obscurité complète.

UNE VOIX SOLENNELLE DIT TRÈS LENTEMENT. —
« Au commencement était le verbe. »

FIN

LA CHARGE
DES CENTAURES

EPOQUE : actuelle.

PERSONNAGES

JULES CÉSAR ... environ 40 ans.

ZARANITZ ... il paraît avoir la cinquantaine.

> *Dune de sable... A l'horizon on devine l'océan.*
> *Soleil de plomb.*
> *La tortue* dort. *Soudain, elle s'éveille, comme effrayée, et sort à reculons.*
> *Entre Jules César traînant une barque délabrée (toute petite) à l'aide d'une corde.*
> *Sa tenue (époque actuelle) rappelle celle d'un prisonnier, mais elle est trop déchirée et trempée pour qu'on puisse la définir avec précision.*
> *Le sable, collé à son corps et à ses gue-*

133

nilles, indique qu'il a séjourné de longues heures dans l'eau.

Jules César tombe sur le sol, évanoui.

Bruit des vagues : flux et reflux.

Jules César, faisant un formidable effort, se dirige vers la barque en piteux état, y prend une boîte en fer blanc (de gâteaux secs) et une gourde. Il ouvre la boîte : il reste un fond de bouillie de gâteaux secs, d'aspect répugnant, qu'il racle avec ses doigts. En un instant « son repas » est terminé, il fait une grimace de dégoût mais aussi d'avidité.

Il est si affamé qu'il lèche ses doigts.

Il saisit la gourde et boit au goulot... mais il ne reste plus une seule goutte d'eau... Il la jette avec désespoir.

Il tombe de nouveau à plat ventre, épuisé, inconscient.

Le soleil se couche lentement.

Jules César demeure immobile.

Lorsque l'obscurité devient presque totale on entend... comme s'il s'agissait d'un rêve ou d'un souvenir... une voix que multiplie l'écho.

HAUT-PARLEUR. — Que personne ne bouge dans les cellules de la 3ᵉ galerie. Nous allons procéder à l'appel. Chaque prisonnier doit rester debout et s'aligner nu contre un mur, face à la porte de sa cellule, et de dos.

La tortue, dans la pénombre, traverse la scène de droite à gauche.

Lorsqu'elle arrive à la hauteur de Jules

César, immobile, peut-être évanoui, elle
le flaire.
On entend un bruit... peut-être un éclat
de rire.
Mais se peut-il que la tortue rie ?
Enfin, la tortue se décide à poursuivre
son chemin et quitte la scène côté cour.
De nouveau on entend le haut-parleur...
comme une voix onirique ou comme un
souvenir.

HAUT-PARLEUR. — Le directeur vous fait savoir
qu'il considère tous les prisonniers de la 3ᵉ galerie comme complices de la fuite de Jules César
tant qu'il n'aura pas reçu les renseignements
que vous détenez. Une information nous intéresse particulièrement : savoir si le prisonnier
échappé dispose d'une barque.

La nuit, lentement, fait place au jour.

**
*

Soleil resplendissant.
Jules César demeure toujours évanoui
sur le sable.
Derrière la dune surgit une sorte de cha-
peau ou de casque du xviᵉ siècle garni
d'ornements en plumet.
Enfin, une tête émerge, mais on ne voit
que la nuque (c'est Zaranitz qui contem-
ple l'océan ou l'horizon).
Après quelques instants d'immobilité,
Zaranitz, tournant toujours le dos à Jules
César et regardant l'horizon, s'agenouille
avec ferveur.

135

*On peut affirmer qu'il prie, mais comme
il murmure on ne sait ce qu'il dit dans
son oraison.*

*Il porte un corselet ou cuirasse légère et
une lance.*

*Son équipage, fortement rouillé, rappelle
celui d'un gentilhomme, officier du
xvie siècle.*

On saisit quelques bribes de prières :

« Dieu Tout-Puissant »

« Sur la terre comme au ciel »

*« Gloire à Dieu au plus haut des cieux ».
Son attitude et le ton de sa voix révèlent
un recueillement quasi mystique, exceptionnel.*

*Jules César demeure immobile, comme
s'il ne s'était rendu compte de rien.*

*Soudain, Zaranitz en proie à une violente
fureur se retourne, et comme au comble
de l'indignation et même de la rage,
s'exclame sans regarder Jules César.*

ZARANITZ. — De quel droit un pou galeux
vient-il souiller de sa bave, de sa galimafrée
rance et de ses immondices sordides ce pays
de merveilles... ce paradis terrestre ? Que l'intrus
s'en aille avec sa crasse et ses ordures ! Cet
endroit n'est ni une porcherie ni un cloaque.
Gloire à Dieu au plus haut des cieux et paix sur
la terre aux hommes de bonne volonté.

*Jules César parvient à remuer la tête au
prix de mille efforts.*

JULES CÉSAR. — De l'eau... De l'eau... De l'eau.

136

Zaranitz se dirige vers lui et sans le regarder s'assied sur son ventre.
Jules César ne peut rien faire pour l'en empêcher.

ZARANITZ (*presque en extase*). — Ô Seigneur si mes oreilles se montraient complaisantes envers le scandale ou si elles écoutaient la tentation qu'elles soient arrachées net.

JULES CÉSAR. — De l'eau !... De l'eau !... Soif !

ZARANITZ. — Ô Dieu Tout-Puissant, créateur du ciel et de la terre, je ne suis que la plus humble de tes créatures... ne permets pas que mon indulgence coupable m'empêche de châtier ceux qui commettent le pire des sacrilèges : celui de répéter le péché d'Adam et d'Eve dans l'Eden, celui de transgresser une fois de plus la loi originelle, maculant ainsi l'univers qu'avec un amour infini tu créas en six jours.

JULES CÉSAR. — De l'eau... De l'eau.

Il peut à peine parler.
Zaranitz se lève et pointe un index vengeur vers l'infini.

ZARANITZ. — L'ange des ténèbres vient étancher sa soif ! Belzébuth veut boire ! Le démon incube souhaite humecter sa gorge sèche ! Avec quelles sinistres intentions, Seigneur ?

JULES CÉSAR. — Oui... Oui... De l'eau.

ZARANITZ. — Que Satan ouvre sa bouche.

Jules César parvient à le faire et il attend avec anxiété.

ZARANITZ (*le regard vers le ciel*). — Ô Dieu qui as usé de l'eau dans les sacrements augustes que tu as institués pour le salut des hommes... Ecoute ma prière... Afin que cette eau consacrée à nos mystères puisse en vertu de ta grâce bannir les démons, les malades et l'impureté. Que le mélange de l'eau et du sel se fasse au nom du Dieu Tout-Puissant. Amen.

Zaranitz s'installe au-dessus de la tête de Jules César... Debout... Jambes écartées.

JULES CÉSAR (*il réussit à articuler*). — Je meurs... de... soif.

ZARANITZ. — Que le serpent se taise... et qu'il ouvre la gueule. Seigneur, que ta créature impure boive le sang de notre Maître qui est aux Cieux, et qu'elle étanche sa soif spirituelle avec le calice du salut.

JULES CÉSAR. — De l'eau ! De l'eau !

Zaranitz ouvre sa braguette et urine sur la tête de Jules César qui, après un instant d'hésitation, de dégoût et même d'horreur, boit avec avidité. On dirait que Zaranitz (les yeux dans le vague) prie toujours, mais son murmure est incompréhensible.
Peu à peu Jules César reprend des forces après avoir bu.
Quand Zaranitz a fini d'uriner, Jules César lui lance un formidable coup de poing.
Zaranitz recule sous la violence du choc et se retrouve sur ses deux genoux au sommet de la dune.
Jules César crache sur Zaranitz et s'en-

*fuit en courant vers la mer, il disparaît
derrière la dune.*

*Zaranitz a la bouche ensanglantée et
toujours à genoux sur le sommet de la
dune il proclame :*

ZARANITZ. — Tu me l'as donné, tu me l'as
repris... béni soit ton Saint Nom.

*Zaranitz veut baiser le sable... il perd
l'équilibre et tombe à la renverse derrière la dune, disparaissant aux yeux des
spectateurs.*

*La tortue s'avance fastueusement et passe
du côté cour au jardin, une pomme rouge
à la bouche.*

*
**

*Zaranitz et Jules César sont sur la dune...
Zaranitz est ligoté avec une corde.*

*Jules César dit avec violence, prêt à
éclater :*

JULES CÉSAR. — Tu vas parler, tu m'entends ?
Ou je te brise la nuque (*silence*). J'attends (*long
silence*). Je vais te balafrer en pleine figure !
(*silence*). Parle donc une bonne fois, espèce de
bûche !

Après une longue pause.

ZARANITZ (*s'adressant à Dieu*). — Ô Seigneur,
aie pitié de cette humble créature qui n'est pas
digne de ton regard.

JULES CÉSAR (*qui a attendu avec impatience*). —
Voilà tout ce que tu as à me dire ? (*Longue pause*)

139

Je veux savoir... (*Un temps*) comment s'appelle ce pays... cette île ? Où sommes-nous ?

ZARANITZ. — Je te glorifie, Seigneur, car même lorsque tu me livres tel un jouet entre les mains de tes ennemis tu me soutiens dans ma faiblesse. Toi qui es l'inspiration de la vie ne sois pas menacé par l'insignifiance.

JULES CÉSAR. — Je veux seulement savoir trois choses... et tu vas te mettre à table. Primo : Où sommes-nous ? Deuxio : Où peut-on trouver ici de quoi boire et manger ? Et tertio : Où est situé le poste de police le plus proche ?

ZARANITZ. — Le Seigneur s'est manifesté ! Alléluia ! Avec lui vient le salut ! Alléluia ! Ma fidélité se prosterne devant les ombres et dédaigne le miel et la consolation.

JULES CÉSAR. — Quand vas-tu cesser de dégoiser des âneries, tu es plus bête qu'une oie, soliveau !

> *Il tire un couteau de 25 cm de long.*
> *Il actionne un ressort et la lame jaillit soudainement.*

JULES CÉSAR. — Vois-tu ce coutelas ?... Regarde-le bien... Ne frissonne pas. Plus d'un l'a senti fouailler ses entrailles... Il est plus connu que la grippe espagnole. Vise un peu le tranchant qu'il se paie... Je vais te marquer tu m'entends ? Si tu persistes à me cacher les renseignements qui m'intéressent je vais faire de toi un Saint-Sébastien. Chaque minute qui passe est une éternité que je perds... Tu vas te mettre à table plus vite et mieux que Pierrot-le-Fou... Je vais commencer pour que tu saches de quel bois je me

140

chauffe, je vais te couper un à un les doigts de
pieds.

*Zaranitz sans l'aide de ses mains ôte
ses sandales qu'il lance au loin d'un coup
de pied. Il approche son pied droit du
couteau de Jules César.*

ZARANITZ. — Le Seigneur a fait de Sion sa
ville d'élection et...

JULES CÉSAR. — Tiens ! Tiens ! On fait le fan-
faron ! As-tu compris qui je suis, potiche ? Si tu
joues les fiers-à-bras et les matamores je te
tranche les doigts de pieds l'un après l'autre
et je perce ta bedaine avec ce coutelas.

*Zaranitz, comme en extase, se laisse brus-
quement tomber sur le couteau avec
l'intention très nette de se l'enfoncer dans
le ventre, tout en prononçant ces mots
avec recueillement, mais aussi une certaine exaltation :*

ZARANITZ. — « Que ta volonté soit faite sur la
terre comme au ciel. » Amour divin... comme tu
me fais saigner !

*Jules César réussit à écarter la lame du
couteau à temps, avant que le ventre de
Zaranitz ne soit transpercé.*

JULES CÉSAR. — Mais cet individu est fou à
lier ! complètement piqué ! Dingue ! Prendrais-tu
ce coutelas pour un esquimau glacé ? Si je
n'avais pas détourné la lame, je t'étripais.

Jules César lève le couteau comme s'il

141

brandissait un trophée... et il en menace
de nouveau Zaranitz.

JULES CÉSAR. — Si ce tranchelard entre dans ta paillasse, il te fend par le milieu et te ressort par le cul. Triple buse ! Croqueur de glands !

Zaranitz profite de ce que Jules César
tient à nouveau son coutelas en main,
la lame en l'air pour se jeter sur elle,
le ventre en avant... il tombe de nouveau
sur le tranchant du couteau pour le rece-
voir en plein nombril, tout en chantant.

ZARANITZ. — Dieu s'est manifesté ! Alléluia ! O comme je sens fleurir la félicité face aux fiançailles avec la mort.

Jules César réussit encore une fois à
écarter la lame, évitant de transpercer
Zaranitz.
Jules César semble anéanti tandis que
Zaranitz à genoux s'adresse à Dieu, en
pleine extase.
Jules César jette le couteau et s'approche
de Zaranitz qui est toujours agenouillé,
et il le gifle avec rage.
Zaranitz accueille chaque soufflet avec
une patience infinie.

JULES CÉSAR. — Finies les loufoqueries ? Combien te manque-t-il de cases ? Qui t'a fait perdre la tête ? Toqué !

Il le gifle à nouveau.

ZARANITZ (*qui attend la gifle suivante*). — Que ma pénitence, Seigneur, me conduise au Royaume des Cieux. Que personne ne dévoile tes mystères, ni la ligne du vol de ton harmonie.

Jules César. — Silence ! j'ai dit silence ! Tu vas te taire une bonne fois... Je te défends de parler. Ne dis plus un mot.

> *Zaranitz le contemple avec sérénité puis il aboie... mais comme s'il s'agissait d'une prière.*

Jules César. — N'aboie pas non plus... je te défends d'aboyer... tu m'entends ? fou à lier ?

> *Il le soufflette à nouveau.*
> *Zaranitz subit le châtiment avec le plus grand calme.*
> *Jules César, presque hystérique, attend, prêt à recommencer. Zaranitz le contemple avec plus de sérénité que jamais, mais peut-être avec une certaine hauteur...*
> *...et c'est ainsi que, le regardant fixement avec insolence... après quelques secondes de silence et de grande tension... il se met à miauler... comme s'il s'agissait également d'une prière.*

Jules César (*comme se parlant à lui-même, hors de ses gonds*). — Ce benêt va me mettre la tête à l'envers... Ecoute-moi bien... Ou je t'éreinte à coups de bâton... (*il essaie de se calmer*). Mais moi je ne veux pas te battre... ni te faire de mal... Je veux seulement que tu me dises où je peux manger et boire.

> *Zaranitz se jette à terre et commence à gratter le sable avec sa bouche pour creuser un trou.*

143

Jules César lui relève brusquement la tête (Zaranitz est toujours ligoté et à genoux).

JULES CÉSAR. — Que cherches-tu ?

Zaranitz se met à braire.. comme s'il parlait.

JULES CÉSAR. — Parle-moi, je te permets de me parler.

Zaranitz lui répond en brayant à nouveau.

JULES CÉSAR. — Ne m'entends-tu pas ? Je te dis que tu peux parler... Cesse de braire... Tu es assez bâté comme cela.

ZARANITZ (*après l'avoir regardé fixement*). — Que Dieu bénisse ces aliments que nous recevons grâce à son infinie bonté !

JULES CÉSAR. — Où sont donc ces maudits aliments ?

Zaranitz se remet à gratter le sable avec sa bouche.

JULES CÉSAR. — Ils sont enterrés ?

Zaranitz le regarde un instant et recommence son manège.

JULES CÉSAR. — Laisse-moi donc faire !

Frénétiquement, Jules César avec ses mains creuse un trou dans le sable. Il se heurte à une résistance. Il continue à creuser le sable. Enfin apparaît une

144

*marmite scellée et un paquet enveloppé
dans une serviette en dentelle.*

*Jules César retire la serviette : il décou-
vre un pichet de cristal très délicat de
facture, contenant de l'eau et de la glace,
et une coupe de cristal également. Ce
sont deux objets magnifiquement taillés,
qui semblent dater du XVIIe siècle. Ils sont
en parfait état de conservation, comme
s'ils venaient de sortir de l'armoire d'un
palais.*

*Jules César avale le contenu du pichet
en un clin d'œil ; puis il retire le couvercle
de la marmite et découvre un gigot de
chevreau rôti, qu'il dévore.*

La marmite date de la même époque.

*Jules César mange de dos... ou plutôt, il
dévore.*

*Zaranitz se lève et le regard tourné vers
le ciel récite :*

ZARANITZ. — Seigneur, que l'intrus ne découvre pas les espèces qui prolongent la vie jusqu'à
l'éternité, lesquelles, grâce à ton infinie bonté,
se trouvent dans ce royaume de sable qui t'appartient. Que les stratagèmes de la faim et de la
soif enivrent celui qui ne connaît pas l'héritage
de ton testament.

Obscurité subite.

*
* *

*La tortue au milieu de la pénombre tra-
verse la scène et, quand elle arrive au
centre du plateau, elle se dresse sur ses*

pattes et s'envole, disparaissant à l'horizon.

∴

Soleil implacable.
Jules César entre en scène et court en
tous sens comme un automobiliste diri-
geant sa voiture.
Il porte sur lui une sorte de voiture en
bois rudimentaire qu'il s'est confectionnée
avec les restes de la barque. Ses jambes
tiennent lieu de roues. Ses mains gui-
dent le volant.
Il semble heureux. Il passe les vitesses,
il freine, il négocie un virage « très péril-
leux » avec beaucoup de style.

JULES CÉSAR (*il s'arrête brusquement, après*
plusieurs coups de « klaxon », et il s'adresse à
un autre « automobiliste » imaginaire). — Fils
de pute... Tête de mule ! Tu ne vois pas que j'ai
la priorité ? Chauffeur du dimanche ! Savate !
Tu es un vrai con en cinémascope ! Incapable !
Quel est le cornichon à qui tu as soutiré le permis ? Sale péquenot ! Ignare ! Je vais te casser
la gueule pour t'apprendre le respect et les bon-
nes manières ! Jean-foutre !

Jules César émerge de sa « voiture »,
prêt à régler son compte au « chauffeur »
maladroit.

JULES CÉSAR. — Je suis Jules César, espèce
de grande latrine... N'as-tu pas entendu parler
de moi ? Je suis l'ennemi public N° 1... Celui

146

qui s'est échappé de sa cellule de haute surveillance... Toute la police est à mes trousses... et toi tu viens me narguer avec ton pot de yaourt ?... Je suis un assassin.

Entre Zaranitz
Jules César s'adresse à lui.

JULES CÉSAR (*le saisissant au collet*). — Est-ce que tu ne sais pas conduire une voiture, petit con ? Je vais être obligé de t'apprendre à respecter la priorité à droite à coups de fouet pour que tu n'y reviennes plus.

ZARANITZ (*toujours dans son monde*). — Dieu Tout-Puissant, je ne sais qu'une chose, c'est que je ne sais rien.

JULES CÉSAR. — Et tu as l'audace de l'avouer ? Qui t'a vendu le permis de conduire ?

ZARANITZ. — *Quosque tandem abutere...*

JULES CÉSAR. — Et tu m'insultes, par-dessus le marché, triple buse ! Fais-moi des excuses dans les règles !

ZARANITZ. — Seigneur, pardonnez-leur, car ils ne savent pas ce qu'il font.

JULES CÉSAR. — La prochaine fois, à un chauffard comme toi, je lui tire dessus à bout portant.

ZARANITZ. — Dieu ne cesse de nous observer. Béni soit le commandement qu'il dicta à Moïse : « Tu ne tueras point. »

Jules César, furieux, tire de sa ceinture un « revolver » et le braque violemment sur Zaranitz qui ne se départit pas de son calme.
Jules César contemple son « revolver » : c'est un morceau de rame.

147

Jules César est pris d'une sorte de crise de nerfs et éclate en sanglots.

JULES CÉSAR. — Combien de temps encore ? Quand va-t-on sortir de cet enfer ?

ZARANITZ. — Puissent nos larmes, Seigneur, nous aider à atteindre la plus douce harmonie : celle du cœur.

Jules César, hystérique, continue à pleurnicher.
Soudain il se reprend, se tapote la tête et dit calmement à Zaranitz :

JULES CÉSAR. — Pourquoi ne m'as-tu jamais parlé ? Jusqu'à quand vas-tu me traiter en ennemi ? Qui es-tu ?

ZARANITZ. — Seigneur, je suis celui qui est.

JULES CÉSAR. — Cesse donc de parler à ton Dieu... adresse-toi à moi une seule fois... je suis ici depuis si longtemps... à attendre que tu me dises un seul mot sans passer par l'intermédiaire de ton « Seigneur ». Ecoute-moi : j'ai tout ce que tu peux désirer... de l'argent... autant que tu en voudras... j'ai fait un casse... le vol du siècle. Et toute cette fortune t'attend... Des montagnes de lingots d'or... toutes sortes de devises, du platine, des émeraudes, des diamants, des bijoux... j'ai tout caché dans un endroit connu de moi seul... Tout est pour toi.

ZARANITZ. — Et le démon s'approcha de lui et lui dit : « Si tu es le Fils de Dieu, ordonne que les pierres se changent en pains » mais celui-ci répondit : « il est écrit : "L'homme ne vit pas seulement de pain mais de toute parole sortie de la bouche de Dieu. " »

Jules César. — Oui, c'est très beau ce que tu dis. Mais oublie tes histoires et tes contes de Ma Mère l'Oye : avec tout ce que j'ai caché, si tu me tires d'ici, tu seras l'homme le plus puissant de la terre.

Zaranitz. — Et le diable le transporta au sommet d'une montagne élevée et lui montrant tous les royaumes du monde dans leur gloire il lui dit : « Je te donnerai tout cela si tu te prosternes devant moi pour m'adorer. »

Jules César. — Tu ne m'as pas compris. Avec toutes les richesses que tu posséderas tu pourras faire ce que tu souhaiteras... et même si tu le désires : prier et encore prier toute ta vie... Mais sans aucun problème puisque tu seras le plus riche, le plus puissant.

Zaranitz. — Et il lui fut répondu : « *Vade retro Satanas !* » Il est écrit : « Tu adoreras le Seigneur ton Dieu et tu ne serviras que lui. »

> *Jules César, comme en proie à une rage enfantine, se couche dans le sable, furieux, et se cache complètement sous une couverture (même la tête).*
> *Zaranitz pivote sur lui-même comme un derviche les bras en croix, sans cesser de prier et le regard perdu dans l'extase.*

Voix de Jules César (*dont la tête demeure cachée sous la couverture*). — As-tu fini de tourner comme une toupie ? C'est une de tes manies qui m'agacent.

> *Zaranitz pivote toujours sur lui-même. Soudain, il s'arrête, et dit, contemplant l'infini :*

149

ZARANITZ. — Jules César !

Jules César, comme mû par un ressort, surgit de sous la couverture, profondément étonné et aussi effrayé.

JULES CÉSAR. — Comment connais-tu mon nom ? Qui t'a dit comment je m'appelle ? La police ?... mes ennemis ?

ZARANITZ. — Jules César... je veux que tu m'aides.

JULES CÉSAR. — C'est la première fois que tu m'adresses la parole sans passer par ton Dieu. Qu'est-ce qui se passe ? Je ne suis plus indigne que tu dialogues avec moi ?

ZARANITZ. — Ecoute-moi, vermine.

JULES CÉSAR. — Tu m'insultes.

ZARANITZ. — Ecoute-moi, pou... Un jour, je cesserai de vivre... il me faut préparer mon agonie, le jugement dernier, ma mort... confesse-moi.

JULES CÉSAR. — Ne sois pas loquedu... Tu es dans la fleur de l'âge.

ZARANITZ. — Je dois avoir environ 400 ans.

JULES CÉSAR. — Quelle blague... 400 ans... et tu bandes encore.

ZARANITZ. — Tu n'as pas le droit de m'espionner quand je dors.

JULES CÉSAR (*plaisantant*). — Tu vas devenir milliardaire sans avoir besoin de mon trésor... Tu n'as qu'à m'indiquer où est ton institut de beauté. Qui a effacé tes rides ? (*Sérieusement*) Tu te fiches de moi ?

ZARANITZ. — Il y a des siècles que ce pays est peuplé de porcs nains et dodus, de la taille d'un chat... Il est vrai que jamais je ne t'ai donné l'occasion de goûter aux épices.

150

Jules César. — Les épices ? Quelles épices ?

Zaranitz (*il les tire d'une bourse*). — Les voilà.

Jules César. — Ces boules noires ?

Zaranitz. — En veux-tu une ?

Jules César. — Pourquoi en mange-t-on ?

Zaranitz. — Goûte-les.

> *Jules César en mange une, intrigué. Il mâche avec soin, comme pour en déguster toute la saveur.*

Jules César. — Succulente... quel arôme si particulier. Acide et parfumé... Onctueux et si raffiné... Pimenté et en même temps, de la douceur de la violette... Délicieux !

Zaranitz. — Mange tout ce que tu voudras.

> *Jules César engloutit plusieurs boules avec voracité.*

Jules César. — Et qu'est-ce que c'est ?

Zaranitz. — Ce sont les excréments de ces porcs.

> *Jules César crache les boules...*
> *On dirait qu'il va vomir.*

Jules César. — Idiot, sadique... Et maintenant, une fois de plus tu vas me traiter de mange-merde.

Zaranitz. — Ils sont fossilisés. Ces pilules ont le pouvoir de prolonger indéfiniment la vie de qui les avale à jeun tous les matins.

Jules César. — Tu me mets en boîte ?

Zaranitz. — Les voies du Seigneur sont impénétrables.

Jules César. — Mais qu'est-ce que tu cherches ? Que veux-tu de moi ?

Zaranitz. — Deux choses : d'abord me confesser à toi pour me préparer à l'agonie et à la mort. Tordu de souffrance, ô fatalité délicieuse !

Jules César (*avec impatience*). — Et ensuite ?

Zaranitz. — Je veux que pendant les jours qui me restent à vivre tu sois mon esclave biblique.

Jules César (*s'imaginant avoir mal compris*). — Ton esclave ?

Zaranitz (*avec sérénité*). — Mon esclave biblique.

Jules César. — Je vais te filer une mornifle... morveux ! (*il rit*) Imagine, si quelqu'un dans ma cellule de haute surveillance t'entendait me faire une telle proposition... Il faut croire que tu ignores qui je suis.

Zaranitz. — Alors, il n'y aura pas de confession.

Jules César (*tout content*). — Tu parles d'une menace. Quand vas-tu revenir sur terre ? (*Temps de pause très bref puis, changeant de ton*) Quel genre d'esclavage ?

Zaranitz. — Biblique.

Jules César (*en souriant*). — « Biblique »... et pourquoi pas demi-pensionnaire ou bleu et garance ? (*changement de ton*) Explique-moi, que je m'y retrouve.

Zaranitz. — Tu seras à mon service comme les esclaves de Salomon. Tu obéiras à chacun de mes ordres au doigt et à l'œil... et pour t'inculquer la discipline, tous les soirs je te punirai à coups de fouet.

Jules César. — A-t-on jamais vu pareil culot ?...

152

Et par hasard tu ne pourrais pas m'enculer sur un rytme de tango ?

ZARANITZ. — C'est seulement de cette manière que je pourrai me confesser... Je vais cesser de prendre des boules noires... mais, malgré tout, mon agonie peut durer des années.

JULES CÉSAR (*ironiquement*). — Du moment qu'elle ne dure pas des siècles (*changeant de ton, furieux*). Mais comment l'idée que je puisse être ton esclave a-t-elle pu te traverser l'esprit ? (*il crie*) C'est moi qui ai eu des femmes... et des hommes... sous ma domination, soumis, tremblant sous ma férule.

> *Coup de tonnerre.*
> *Obscurité soudaine.*

*
**

> *Dans la pénombre* la tortue *traverse la scène dans les airs, comme si elle planait pour atterrir. Elle fait se mouvoir ses pattes avec allégresse.*

*
**

> *Soleil resplendissant.*
> *Jules César, suant à grosses gouttes est à la tâche, avec une pelle : il est en train de combler un trou. Un petit tas de sable se trouve au bord du trou.*
> *Jules César semble épuisé par l'effort tant il travaille avec ardeur.*

JULES CÉSAR. — J'en ai assez. Tout ceci est pire que le pire des bagnes. J'en ai jusque-là.

153

Il ne s'arrête pas de travailler.

JULES CÉSAR. — Tous les jours il invente quelque chose de nouveau... Et je suis là à avaler des couleuvres.

Il sue mais continue à jeter des pelletées de sable.

JULES CÉSAR. — J'ai flairé ça du premier coup... J'ai eu comme un pressentiment : un profil d'assassin. Je les connais bien... Mais lui c'est le pire de tous ceux que j'ai connus... Dénué d'âme, de sentiments, froid, implacable... Et moi entre ses mains... Il faudrait que je me révolte !

Il jette du sable avec plus de fougue que jamais.

JULES CÉSAR. — Et moi qui voulais jouer les mâles avec une teigne de ce genre... qui est tapi là à guetter pour me déchirer le cœur. Comment me comparer à lui ? Combien d'hommes aura-t-il torturés, martyrisés, exterminés ? Dans notre milieu on respecte la vie au moins... et on ne tue jamais pour le plaisir de détruire.

Entre Zaranitz.

ZARANITZ (*comme surpris au milieu de ses réflexions*). — ...en circulant généreusement, ayant besoin de contrôler l'évidence et l'espoir indomptable... (*Comme s'il apercevait Jules César à ce moment*) Te voilà en train de ronchonner ?

JULES CÉSAR. — Non, non, je te le jure sur ce qu'il y a de plus sacré.

ZARANITZ. — Troisième commandement : « Ne pas invoquer en vain son Saint-Nom. »

154

JULES CÉSAR. — Je fais toujours ce que tu me demandes.

ZARANITZ. — As-tu préparé une loge ?

JULES CÉSAR. — Tout de suite... j'y vais.

A l'aide de sa pelle Jules César lui aménage un trou dans la dune qu'il tapisse avec la couverture.
Zaranitz s'installe sur le siège.

ZARANITZ. — As-tu fait tes ablutions ?

JULES CÉSAR. — Comme tu me l'as ordonné.

ZARANITZ. — As-tu prié avant de te mettre au travail pour demander à Dieu de te donner des forces ?

JULES CÉSAR (*en colère*). — Ouiiiiiiiiii... Tous les jours les mêmes questions.

ZARANITZ. — Oui, qui ?

JULES CÉSAR. — Ouiiiiiiii, Sire !

ZARANITZ. — Quelle patience !

Jules César se remet à charrier le sable avec frénésie.

JULES CÉSAR. — (*à toute vitesse*). — Je prie comme tu me l'as demandé, je creuse comme tu l'exiges, je comble les trous comme tu l'ordonnes, je fais mes ablutions, je prépare ta loge...

ZARANITZ. — Stop ! bourricot !

JULES CÉSAR. — (*comme se parlant à lui-même*). — Mais tout cela va bientôt finir... ma patience a des limites.

ZARANITZ. — Que marmonnes-tu ?

JULES CÉSAR (*il crie*). — Je suis en train de prier. (*A voix basse*) Sourd... Sourd et miraud.

ZARANITZ. — Parle-moi plus fort, tu sais bien que je suis dur d'oreille... d'ailleurs ma vue...

155

JULES CÉSAR. — Amen !

ZARANITZ. — Non seulement tu volais et tu détroussais, mais tu étais aussi un proxénète.

JULES CÉSAR. — C'était une affaire presque abandonnée, de pure routine.

ZARANITZ. — Comment as-tu commencé ? Comment l'idée t'était-elle venue ?

JULES CÉSAR. — Par ma mère, maman m'aimait beaucoup, elle portait toujours une jupe plissée écossaise qui, lorsqu'elle virevoltait...

ZARANITZ. — J'en ai par-dessus le heaume que tu m'entretiennes de ta mère.

JULES CÉSAR. — C'était une idée à elle... Moi ça ne me serait pas venu à l'esprit de mettre à travailler sur un trottoir... Elle, elle a pensé que...

ZARANITZ. — Qu'un fainéant comme son fils, qu'un employé de haut vol comme toi ne pouvait vivre qu'aux crochets des femmes.

JULES CÉSAR. — Je n'avais pas fait d'études... Que voulais-tu que je fasse...

ZARANITZ. — Tout, plutôt que de succomber au pire des péchés, au plus abominable des crimes : celui de séduire froidement des femmes sans défense afin qu'elles se prostituent par amour pour toi.

JULES CÉSAR. — Elles n'étaient pas si nombreuses... seulement trois : Agathe, Anastasie et Lucie... je les traitais très bien, je les aimais vraiment... Mais maman voulait...

ZARANITZ. — Ta mère, ta mère... et la mienne.

JULES CÉSAR. — Tu ne m'as jamais parlé d'elle.

ZARANITZ. — Et je ne le ferai jamais.

JULES CÉSAR. — Elle avait une jupe écossaise plissée et quand elle virevoltait...

156

ZARANITZ (*le coupant brusquement*). — As-tu prié ?

JULES CÉSAR. — Encore ? (*il crie*) Ouiiiiii !

ZARANITZ. — Comme je te l'ai ordonné ?

JULES CÉSAR. — Comme tu l'exiges.

ZARANITZ. — Et qu'a-t-il répondu ?

JULES CÉSAR. — Pas de réponse : le zéro absolu. Pas même une ombre évanescente, le vide total.

ZARANITZ. — Et quand tu chies ?

JULES CÉSAR. — Quoi ?

ZARANITZ. — Tu n'as reçu aucun signe ?

JULES CÉSAR. — Enfin... euh... je ne crois pas... à moins que...

ZARANITZ. — Ni quand tu es constipé ?

JULES CÉSAR. — A parler franchement... hier, tandis que je faisais des efforts douloureux, comme s'il m'avait fallu expulser un énorme rocher, j'ai senti que mon cul...

ZARANITZ. — Je t'interdis de me raconter de pareilles obscénités.

JULES CÉSAR. — Alors je me tais.

ZARANITZ. — Parle, parle, qu'est-il arrivé ?

JULES CÉSAR. — Je suais à grosses gouttes... mes yeux se sont voilés et pendant quelques instants j'ai eu l'impression...

ZARANITZ. — L'impression... l'impression de sentir la présence du Créateur suprême.

JULES CÉSAR. — Non... pas précisément. Il ne s'est pas montré.

ZARANITZ. — Mais que s'est-il passé, foutre, tu me mets sur des charbons ardents.

JULES CÉSAR. — J'ai vu... comme... un éclair... l'éclair d'un ange.

ZARANITZ. — Un éclair d'ange ? je ne comprends pas. Que veux-tu dire ?

157

Jules César. — C'était un très bel adolescent. Il s'est présenté à moi un instant resplendissant de lumière et de mystère. J'ai cru sentir la frontière du ciel et de la terre, de l'océan. Il avait un regard très pur, comme la douceur, les cheveux bouclés...

Zaranitz. — C'était Dieu !... Il te rappelait une tortue, n'est-ce pas ?

Jules César. — Mais non, je te dis que c'était un ange.

Zaranitz. — Que sais-tu donc des tables de la Loi, du livre du Bien et du Mal ?

Jules César. — Je suis sûr que c'était un ange... il avait des ailes.

Zaranitz. — Dieu peut apparaître ailé, crétin.

Jules César. — D'ailleurs il portait un tee-shirt de couleur safran et une inscription fluorescente qui disait : « Je suis ton ange gardien. »

Zaranitz. — Blasphémateur ! Tu te crois dans un bordel vénitien. Approche que je te rosse. Tu ne peux railler la divinité d'une manière si frivole.

Il lui donne un coup de bâton.

Jules César (*furieux, marmonnant entre ses dents*). — Un jour... tu m'entends... un jour... je ne me laisserai plus frapper... un jour je me révolterai... tu m'entends ? Un jour je me soulèverai.

Zaranitz. — Ose donc, vermine !

Jules César (*en colère*). — Ecoute-moi bien... je ne croirai jamais en Dieu... jamais !

Zaranitz (*avec une grande sérénité*). — Athée... Tu seras athée. Je comprends, Dieu dans son infini prescience a décidé que tu serais athée...

158

et par ton athéisme, non seulement tu accomplis sa divine volonté mais tu exaltes sa gloire.

Ils se regardent, stupéfaits.

JULES CÉSAR. — J'ai exécuté tes ordres.

ZARANITZ. — Tous ?

JULES CÉSAR. — Ne le vois-tu pas ? j'ai creusé dans le sable trois trous d'un mètre de profondeur.

ZARANITZ. — Et ensuite ?

JULES CÉSAR. — Ensuite je les ai rebouchés, avec la pelle et le sable.

ZARANITZ. — Où les as-tu creusés ?

JULES CÉSAR. — L'un ici, là le deuxième et le troisième derrière la dune.

Zaranitz les inspecte avec méfiance.

ZARANITZ. — Là je vois une différence.

JULES CÉSAR. — Le sol est tel qu'il était... Personne ne pourrait deviner que j'ai fait un trou.

ZARANITZ. — Et la tortue ?

JULES CÉSAR. — Je ne l'ai pas vue. Tu veux que je pose un piège à tortue ?

ZARANITZ. — Attraper Dieu avec un piège.

JULES CÉSAR. — Mais tu m'as dit que la tortue vole.

ZARANITZ. — Tends le piège en l'air.

JULES CÉSAR. — Tu veux un missile air-sol ?

ZARANITZ. — Qu'est-ce que c'est ?

JULES CÉSAR. — Tu sais... en prison... dans les cellules se créent des situations très particulières.

ZARANITZ. — Vous étiez du gibier de potence, la lie de l'univers.

159

JULES CÉSAR. — Dans chaque cellule un prisonnier étant le chef, on l'appelait le caïd.

ZARANITZ. — Et alors ?

JULES CÉSAR. — Quand le caïd s'acharnait spécialement sur l'un des prisonniers et le marty-
risait en le transformant en serviteur aveugle
et soumis... ensuite... (*longue pause*) Es-tu tombé
amoureux de moi ?

> *Zaranitz et Jules César se regardent lon-*
> *guement, l'air inexpressif.*
> *Puis, soudain, Zaranitz se verse du sable*
> *sur la tête.*

ZARANITZ. — Que mes oreilles n'entendent pas
la tentation. Ô Dieu qui t'es manifesté pour nous
sauver... permets-moi de me sacrifier pour ta
gloire. Purifie-moi.

JULES CÉSAR. — Je ne voulais pas te blesser.

ZARANITZ. — Et que se passait-il dans les
cellules entre le caïd et le serviteur martyrisé ?

JULES CÉSAR. — Ils finissaient par s'aimer, par
devenir amants.

ZARANITZ. — Que veux-tu dire ?

JULES CÉSAR. — Que les caïds finissent toujours par aimer leurs serviteurs.

ZARANITZ. — Ce que tu me racontes ne m'intéresse nullement.

JULES CÉSAR. — Tu danses avec moi ?

> *Ils s'apprêtent à s'enlacer pour danser*
> *...mais ils ne le font pas.*
> *Ils se regardent.*

ZARANITZ (*avec impatience*). — Et que faisaient-
ils ?

JULES CÉSAR. — Ils dormaient ensemble, serrés,

sur la même paillasse, mus par une fatale trans-
gression, jambes enlacées, cœurs irrésistiblement
troublés, les lèvres soudées par la félicité.

Ils se regardent longuement.

JULES CÉSAR. — Tu danses ?

ZARANITZ. — Que la charogne n'éveille pas le
tourbillon nocturne.

*Il s'approche de Jules César et l'enlace
effrontément pour danser.*
*Ils dansent un instant : Zaranitz, de façon
très martiale, et Jules César, avec une
malice faubourienne.*

JULES CÉSAR. — Zaranitz.

ZARANITZ. — Embrasse-moi.

Ils s'arrêtent un instant.
Ils vont s'embrasser.
*Zaranitz hors de lui l'empoigne violem-
ment.*

ZARANITZ. — Je vais t'arracher la langue... te
couper les bras et te brûler le ventre. La clémence a trop sangloté sous l'océan infernal.

*Jules César se prosterne aux pieds de
Zaranitz, il sort son long couteau de sa
poche et le tend à celui-ci puis il tire la
langue en fermant les yeux.*

ZARANITZ. — Ô Seigneur, puissé-je par ce sacrifice obtenir la félicité que tu dispenses à tes
adorateurs. Ainsi soit-il.

*Jules César attend calmement, langue
pendante.*

161

ZARANITZ (*ému*). — Jules César : je ne puis continuer à prêter l'oreille à tes tentations qui tourmentent mon âme. Je n'entendrai jamais plus les chimères de la liberté et ses bestiales intimités irréparables. Mais écoute la loi qui a survécu à toutes les frénésies et à toutes les angoisses !

> *Jules César attend tranquillement, sans aucune émotion, les yeux clos.*

ZARANITZ. — ... Seigneur... que ma main accomplisse ton dessein sans hésiter... comme Abraham... que mon poignet ne tremble pas...

> *Sa main tremble.*
> *Il jette le couteau.*
> *Il s'agenouille à terre et gratte frénétiquement le sable... pour creuser un trou. Il déterre une serviette ou un linge blanc, délicatement orné de dentelles... il en bâillonne Jules César.*

ZARANITZ (*calmement*). — Maudite avidité des simulacres de noces ! Où est le corbeau au sanglant berceau ?... Comme je sens se lever, dans l'effusion et la moelle de mon âme une force d'ascension ténébreuse !

> *Zaranitz, en sueur, gratte le sable, frénétiquement, au bord des larmes...*
> *Il creuse un second trou et en extirpe la maquette d'une caravelle (d'un mètre), parfaitement reproduite, tel un navire du XVIIe siècle... on dirait son propre enfant. Il la caresse et la dorlote comme un bébé.*

Il la berce.
Pleure-t-il ?
Il se ressaisit.

ZARANITZ. — « Adieu ma chère patrie... Adieu pays de mes ancêtres... Je m'en vais, pour disparaître... Adieu. » (*il désigne amoureusement un point dans la caravelle, sur le pont*). Sur la passerelle principale un mousse de 16 ans agite un mouchoir. Mais la caravelle déjà largue ses amarres dans un port si éloigné du foyer maternel... afin de voguer vers l'aventure, vers un infini aux eaux tempêtueuses et inconnues... Et le mousse dit « Au revoir, Au revoir » (*il agite son mouchoir*) au revoir à la terre qui l'a vu naître, angoissé à la perspective d'un voyage outre-mer pour de longs mois... Il ne pense pas qu'il va peut-être vivre l'aventure sordide et grandiose d'un conquistador... à cet instant du départ il a le pressentiment, la conviction qu'il ne reviendra pas. « Adieu... Adieu... Mère... je me sens mourir. »

> *Zaranitz sort son mouchoir et l'agite après avoir posé la caravelle sur les genoux de Jules César.*

ZARANITZ (*en mousse*). — « Adieu !... A qui dis-je adieu... Adieu... Reviendrai-je un jour ? »

> *Il semble pleurer.*

ZARANITZ. — Et la caravelle prit le large, toutes voiles au vent, et en quelques instants elle voguait déjà vers sa destinée, vers la mort. Les vagues la berçaient majestueusement.

163

*Jules César imprime à ses genoux et à
la caravelle un mouvement rythmique,
au gré « des flots ».
Zaranitz, en courant, fait le tour de la
scène et se plante devant le « capitaine ».*

ZARANITZ. (*mousse*). — « Capitaine », la caravelle a pris le large, elle s'est éloignée du port... je veux regagner la terre... je veux retourner à la maison... retrouver ma mère... Arrêtez la caravelle !

*Jules César ôte le linge qui le bâillonnait
et, assis, continue à bercer la caravelle.*

ZARANITZ (*mousse*). — Capitaine... je veux revenir. Ne me frappez pas, mon capitaine... Arrêtez la caravelle.

*Il reçoit « en souvenir » une paire de
claques.
A chaque fois il pousse un gémissement.
La seconde gifle le jette à terre, mais
aussitôt il se redresse.*

ZARANITZ. — Après des mois de navigation, après avoir essuyé trois terribles tempêtes, nous avons foulé aux pieds la terre d'outre-mer.

*Jules César cesse de bercer la caravelle
et la pose sur le sol.
Jules César fixe le linge-bâillon au bout
de la lance de Zaranitz et en fait un
étendard.
Il s'avance, seigneurial, vers l'avant-scène.
Il s'arrête, jambes écartées.*

JULES CÉSAR (*capitaine*). — « Rendons grâce

à Dieu pour avoir accosté sans encombres. Je suis le capitaine, et en tant que dépositaire de tous les pouvoirs royaux, je souhaite que vous sachiez que nous sommes venus au Nouveau monde pour conquérir les âmes des infidèles et les conduire au ciel, et pour agrandir les terres de notre Roi pour la plus grande gloire de Dieu. »

ZARANITZ (*mousse*). — « Et l'or et l'argent, l'Eldorado, les joyaux, les trésors... »

JULES CÉSAR (*capitaine*). — « Celui qui parle de l'or, je tondrai ses cheveux et le condamnerai à trente coups de fouet et l'enfermerai dans les pontons pendant six mois. Notre unique trésor est d'ordre spirituel. »

ZARANITZ (*mousse*). — « Capitaine Cabeza de Vaca... je ne suis qu'un mousse de 16 ans... écoutez-moi... savez-vous... la nuit je rêve que la caravelle retourne sur les ailes des flots vers ma maison, fendant l'océan, et lorsque j'arrive sur le toit de ma chaumière, la caravelle explose et je tombe par la cheminée jusque dans l'âtre où je me consume tandis que ma mère immobile prie à mon côté. »

JULES CÉSAR (*capitaine*). — « Nous ne sommes pas ici pour rêver de caravelles volantes, ni de bergères joueuses de flûtes, ni d'Indiens couverts d'œillets... mais pour purifier l'âme des indigènes, pénétrer le cœur des impies et élever jusqu'au ciel les donjons de nos châteaux et la splendeur de nos effervescences. »

ZARANITZ (*mousse*). — « Capitaine... voyez ma bouche... le scorbut la pourrit peu à peu... je me couvre de chenilles noires...

Jules César s'approche de Zaranitz et

examine avec horreur sa bouche ouverte.

Jules César (*capitaine*). — « C'est épouvantable. »

Zaranitz, furieux, retrouve son identité.

Zaranitz. — Qui t'a permis de déambuler à travers mes souvenirs, de parcourir impunément ma mémoire ?

Jules César (*gêné*). — Je fais ce que tu me demandes : tous les jours, je dois jouer le rôle du capitaine et toi celui du mousse. Tous les jours la même chose. C'est moi qui en ai assez. Je connais ta navigation, ta caravelle et son capitaine par cœur... Quand vas-tu... ?

Zaranitz. — Ecoute-moi bien : ma « vie antérieure » n'a pas existé, ni « mon passé ». Tout ce que j'ai vécu a été rasé, réduit en cendres... Ne recommence jamais à te pencher sur ce précipice, cet abîme de néant.

Jules César (*consultant sa montre*). — Je te sers le chocolat bien crémeux et les rôties ?

Zaranitz. — Mais qu'est-ce que ce cadran que tu portes au poignet et qui palpite comme un crapaud nocturne ?

Jules César. — Tu n'en as jamais vu ?... C'est une montre à quartz...

Zaranitz. — A quartz ?... Une montre ?... Mais comment fonctionne-t-elle ? Où sont les rouages ?

Jules César. — Elle n'a pas de rouages... c'est un micro-ordinateur programmé...

Zaranitz. — Et qui réalise ces machineries ?

Jules César. — On les fabrique par millions. Tu veux que je t'en fasse cadeau ?

Zaranitz (*furieux*). — Que m'importent à moi

166

les excréments de « quartz » du Diable ? Toute mon existence, mes vibrations, ma spiritualité sont tournées vers Dieu. Béni soit Dieu. Notre Seigneur Suprême Créateur, Père de toutes les miséricordes, Grand Horloger de l'univers, Consolateur épris de tous ceux qui souffrent au cours de leurs tribulations. Rendons grâce à Dieu !

Jules César (*ironiquement*). — Amen !

Zaranitz (*très inquiet*). — Dis-moi... pendant la sieste... quand tu es seul... par hasard... tu ne fais pas « ça » ?

Jules César. — Ça ? Que veux-tu dire ?

Zaranitz. — Je te vois si émacié, si épuisé, si dépourvu de forces ces derniers temps, que je me demande si après le repas... au lit... avec tes mains...

Jules César. — Avec mes mains ? A quoi fais-tu allusion ?

Zaranitz (*sibyllin et inquiet*). — La pureté est le plus sacré des biens que nous devons rendre à Dieu qui nous l'accorde, avec l'intransigeance la plus nette... Dis-moi, au lit... tu ne caresses pas... ton corps... avec tes mains... pendant la sieste...

Jules César. — Explique-toi plus clairement.

Zaranitz. — Comment m'exprimer sans te choquer ?... Est-ce que tu te *la* touches ?

Jules César. — Si je me *la* touche ? non... non... Je me *la* démolis.

Zaranitz (*frénétique*). — Tu te masturbes ?

Jules César. — Et j'en suis fier !

Zaranitz (*avec violence*). — Renégat blasphémateur, homme irrévérencieux, impie... Tu es en train de commettre le pire des péchés... Tu enfreins le commandement dicté par Dieu à

Moïse... corrompu par le vice, par le péché contre-
nature... tu souilles la pureté divine et tu craches
à la face du Seigneur... (*un temps, inquiet*). Et
comment fais-tu ?

Jules César. — Je descends du lit et je me
couche jambes écartées sur le sable au moment
où le soleil est le plus ardent...

Zaranitz. — Vicieux ! Apostat sodomite ! (*un
temps, avec beaucoup de curiosité*) Et c'est tout
ce que tu fais ?

Jules César. — Puis je m'enfonce un roseau
dans le cul et je me caresse, je me caresse face
au soleil. Et lorsque le plaisir s'apprête à jaillir,
le roseau...

Zaranitz (*le coupant brutalement*). — Je t'interdis formellement de me raconter de telles
infamies. Tu vas apprendre par cœur les comman-
dements et tu vas me les réciter en te frappant
la poitrine.

Jules César se met à creuser avec frénésie.

Zaranitz. — Les Indiens... je les ai fait travailler plus que toi... du lever du jour au coucher
du soleil... tu peux me remercier et baiser le
sol que je foule aux pieds.

Jules César. — C'est ce que je fais... Tu m'as
dit qu'ils mouraient comme des punaises.

Zaranitz. — Qu'importe la mort ? Puisque,
plus vite ils mouraient, plus vite leur âme mon-
tait au ciel.

*Jules César creuse et soudain s'arrête,
incrédule.*

Jules César. — Mais c'est impossible !
Zaranitz. — Que se passe-t-il ?

JULES CÉSAR. — Dire que je croyais que tu étais le seul à pouvoir soulever la peau de la plage pour découvrir des trésors sous le sable...

ZARANITZ (*tout excité*). — Qu'est-ce qui se passe ? Mais qu'est-ce qui se passe ?

JULES CÉSAR. — Regarde ce que j'ai découvert.

ZARANITZ. — Mais... ce n'est pas possible... ce n'est pas possible. Toi, tu ne peux rien trouver dans le sable... je suis perdu.

JULES CÉSAR. — Si... regarde.

Il tire du trou un squelette de tortue et une carapace desséchée.
Il l'essuie consciencieusement jusqu'à ce qu'il ne reste plus dessus un seul grain de sable.

ZARANITZ (*radieux*). — La tortue ! Enfin !... Mais seulement son squelette... qu'est-ce que ça peut vouloir dire ? Que la calligraphie mystérieuse nous ouvre les portes de la science du bien.

JULES CÉSAR. — Et sa carapace !

ZARANITZ. — Ô Seigneur, lumière du monde venue du ciel pour nous montrer le chemin de la vérité et de la vie... quel est le mystère que recèle ce squelette ?

JULES CÉSAR. — Mais ne le vois-tu pas ? Dieu est mort... il ne reste que son squelette.

ZARANITZ. — Comment oses-tu blasphémer le Saint-Nom de Dieu ?

JULES CÉSAR. — Il vaut mieux qu'il soit mort ton Dieu... Moi, je croyais qu'il était devenu fou.

ZARANITZ. — Comment pouvais-tu imaginer une pareille abomination ?

Jules César. — Tiens, mais si : il avait créé l'univers et ensuite il était devenu fou... ce qui explique que le monde...

Zaranitz. — Tais-toi, blasphémateur, que peux-tu comprendre, toi, au message prodigieux du Tout-Puissant ?

Jules César. — Il y a une lueur d'« espérance »... dans la carapace... la vois-tu ?... Au milieu... Une lumière verte.

Zaranitz. — Je ne la vois pas, je suis si myope.

Jules César. — Elle est minuscule, comme une tête d'épingle.

> *Tous deux se couchent dans le sable et regardent attentivement le centre de la carapace.*
> *Soudain on entend un rythme sourd mais fort, comme un battement de cœur. Ils regardent, extasiés.*

Jules César. — Tu entends ?

Zaranitz. — Oui.

Jules César. — Elle respire.

Zaranitz. — On entend battre son cœur... Ô Seigneur, Béni soit ton Saint-Nom !

Jules César. — Elle nous regarde de son minuscule œil unique.

Zaranitz (*au bord des larmes*). — Je crois en Dieu le Père Tout-Puissant créateur du Ciel et de la Terre.

> *Pendant ces dernières répliques la lumière a décliné et est devenue pénombre.*
> *On n'aperçoit plus qu'une faible lumière verte au milieu de la carapace.*

170

Pénombre.
On entend un menuet endiablé.
La tortue traverse la scène, du côté jar-
din vers le côté cour, comme en dansant.
Quand elle quitte la scène, soudain un
œil énorme et lumineux apparaît à l'hori-
zon qu'il emplit presque complètement.

.:.

De nouveau, le soleil.
Jules César entre en courant, tout excité.

JULES CÉSAR. — Zaranitz ! Zaranitz ! Aujour-
d'hui le ciel et la terre me sourient... aujourd'hui
le soleil pénètre jusqu'au fond de mon âme...
aujourd'hui je l'ai vu... je l'ai vu... et il m'a
regardé... Aujourd'hui je crois en Dieu.

Il grimpe au sommet de la dune et tombe
à genoux.

JULES CÉSAR. — Loué soit le Seigneur ! Alléluia ! Car il est infiniment bon ! Alléluia ! et
son mystère est éternel ! Alléluia !

JULES CÉSAR. — Zaranitz ! Zaranitz ! Je l'ai vu...
Il m'a regardé. (*S'adressant à Dieu*) Seigneur,
oublie mes infinis péchés contre nature et ceux
de mes parents... et ceux des pères de mes pères...
Ne me châtre pas pour mes impardonnables
fautes. Je suis ton serviteur !

Il se bande les yeux avec un mouchoir.

JULES CÉSAR. — Ô Seigneur, aveugle, je vois

171

mieux la splendeur de ta divinité. Que les yeux de la foi me guident vers la vie éternelle.

Il est si content qu'il exécute quelques cabrioles comme un artiste de cirque.
Zaranitz entre à pas de loup, avec son casque.
Il contemple Jules César avec dégoût.

Il se lève et pousse des cris de joie, faisant un haut-parleur de ses mains.

JULES CÉSAR. — Zaranitz ! Zaranitz ! (*il crie*) Je l'ai vu ! je suis encore troublé par son flamboiement, ébloui. Mes lingots, mes devises, mes bijoux, tout mon trésor volé et caché, la terre peut bien les engloutir... Je possède la seule richesse qui me comble : celle de la spiritualité. Ô ciel divin, comme mon âme se couvre de félicité au contact étroit avec Dieu.

Nouvelles pirouettes.
Il se place la tête en bas.
Il demeure en équilibre un long moment.
Soudain il se redresse, inquiet, angoissé (il a toujours les yeux bandés, et par conséquent n'aperçoit pas Zaranitz).

JULES CÉSAR. — Ô Seigneur, grâce à ton infinie bonté, que le sacrifice que mes trois femmes Agathe, Anastasia et Lucie faisaient pour moi se change en humble hommage à ta divinité. Que chacune de leurs pipes soient transfigurée par ton infinie patience en une oraison pleine de foi, que chaque fois qu'on les encule leur acte soit transmué en une prière pleine d'espérance, que leur vie entière de putes soit sublimée en une

172

constante pénitence éclairée de charité pour leur salut et pour leur gloire. La sagesse du monde n'est que folie devant Dieu. Seul le Seigneur pénètre les pensées de nous tous, ses créatures, et il connaît la vanité de nos cœurs.

Il s'agenouille, saisit une pierre et se frappe furieusement la poitrine.

Jules César. — Pardonne-moi Seigneur. Tout a été de ma faute, de ma faute, de ma très grande faute...

Zaranitz (« *Salomon* », *l'interrompant*). — « Baise-moi par les baisers de ta bouche car tes amours sont plus délicieuses que le vin et tes parfums ont une odeur suave. »

Jules César (*il retire son bandeau*). — Zaranitz (*enthousiaste*). Ecoute-moi, enfin, tu sais, je crois en lui, je l'ai vu...

Zaranitz. — Tais-toi, animal. (« *Salomon* ») « Tu es belle derrière ton voile, tes yeux sont des colombes, tes cheveux sont comme un troupeau de chèvres. »

Jules César. — Ce n'est pas le moment que je joue la bergère et toi le roi Salomon... Ecoute-moi : Dieu m'est apparu...

Zaranitz. — Je suis Salomon, obéis-moi, bergère !

Jules César. — Oui, je suis ta pastourelle (*il récite de mauvaise grâce*) « Oh la voix de mon bien aimé. C'est lui qui vient sautant sur les montagnes, bondissant sur les collines. »

Zaranitz (« *Salomon* », *sublime*). — Ton cou est pareil à la tour de David bâtie en forteresse. Tes deux seins sont comme deux faons jumeaux d'une gazelle. »

JULES CÉSAR (*l'interrompant, jouant la bergère de mauvaise grâce*). — « Pâturant parmi les lis. »

ZARANITZ (*hors de lui*). — Ce vers est à moi, âne bâté ! C'est moi qui dois le dire ! C'est comme ça que tu as appris le Cantique des Cantiques ?

JULES CÉSAR. — Naturellement, toi tu fais toujours Salomon, c'est-à-dire le plus chouette... et le plus facile. J'aimerais te voir en bergère avec « tes dents comme un troupeau de brebis ».

ZARANITZ. — Lourdaud. Tu oses railler les textes les plus sacrés ?

JULES CÉSAR. — Si tu veux je continue... Ce qui me plaît c'est quand on arrive au fameux passage (« *Salomon* ») « Tu me fais délirer, ma fiancée. Tu me fais délirer par un seul regard, par une seule chaînette de ton cou. » (*Zaranitz en extase dit le texte en même temps que Jules César*) « Que tes caresses ont du charme, ma sœur, ma fiancée, ma pute ! »

ZARANITZ (*surpris et furieux*). — Ma pute ? Comment oses-tu brocarder les paroles de Salomon ? Du Cantique des Cantiques ?

JULES CÉSAR. — C'est que je ne les sais pas très bien... je croyais que...

ZARANITZ. — Tu croyais que... je vais te fendre l'âme à coups de bâton. (*Changeant de ton*) Crois tu réellement que Salomon ait traité la bergère de pute ?

JULES CÉSAR. — Pardi, quand un type est en chaleur et qu'il est clair qu'il a le feu au cul comme une guenon, il ne sait plus ce qu'il dit ni ce qu'il fait et je ne serais pas étonné qu'il lui ait mordu les fesses en lui disant : « Viens par ici espèce de salope, sale pute... »

174

ZARANITZ (*abasourdi*). — En voilà une leçon... pour les exégètes des textes sacrés.

JULES CÉSAR (*calmement*). — Zaranitz... enfin... Dieu... comme tu le souhaitais.

ZARANITZ (*l'interrompant*). — Où sont tes pièces d'or ?

JULES CÉSAR. — Celles que j'ai volées dans le hold-up du siècle ?

ZARANITZ. — Moins de forfanterie. Où les as-tu mises ?

JULES CÉSAR. — Qu'est-ce qu'il t'arrive ? Tu ne t'es jamais intéressé à cet or ?

ZARANITZ. — Où est-il ?

JULES CÉSAR. — Voici le plan.

Zaranitz l'étudie en détail.

JULES CÉSAR. — Mais quelle mouche te pique ?

ZARANITZ. — Cette porte. Où se trouve le cadenas ? Tu en as la clef ?

JULES CÉSAR. — Il n'y a pas de clef. Elle est au fond de la grotte... cachée. Personne ne peut la découvrir... à moins d'avoir mon plan.

ZARANITZ. — Combien as-tu de maravédis ?

JULES CÉSAR. — De l'argent ? Tu veux dire, d'argent ? Des montagnes de devises. Autant d'argent qu'un Etat pour son budget annuel.

ZARANITZ. — Tu as des joyaux ?

JULES CÉSAR. — Naturellement.

ZARANITZ. — Ecoute-moi bien : je pars.

JULES CÉSAR. — Tu pars où ?

ZARANITZ. — Je pars pour toujours.

JULES CÉSAR. — Et tu me laisses seul ?

ZARANITZ. — Personne ne m'accompagnera.

JULES CÉSAR. — Pourquoi est-ce que tu ne me tues pas avec la mâchoire d'un cheval... Si tu veux

175

je te signe une confession qui t'innocente. C'est toi qui m'as appris que Caïn et Abel...

ZARANITZ. — J'ai tué, j'ai torturé... un par un, mes compagnons d'expédition... il y a trois siècles.

JULES CÉSAR. — Mais Caïn a tué Abel... Nous sommes fils de l'assassin et non de l'innocent, nous descendons du fauve et non de l'agneau pascal, du boucher que Dieu a condamné à être sept fois châtié en sa personne et en sa descendance, et non de la victime dont Dieu agréait les offrandes.

ZARANITZ. — J'aurais aimé avoir un fils avec qui j'aurais joué aux osselets et que j'aurais porté à cheval sur mon dos. Je l'aurais appelé Isaac... Il y a si longtemps, tant de siècles, que je ne parlais à personne... quand tu es arrivé (*longue pause*). Je ne me suis servi que de la délation, de l'hypocrisie, de la trahison, du mensonge et du crime.

JULES CÉSAR. — C'est moi ton fils, sacrifie-moi sur un autel. Tranche-moi le cou avec un couteau et que ma mort soit l'holocauste...

ZARANITZ. — Embrasse-moi.

Ils s'embrassent sur le front.

JULES CÉSAR. — Tu pleures ?

ZARANITZ. — A toi aussi je t'ai menti et trahi... J'ai une barque cachée...

JULES CÉSAR. — Tu vas chercher mon trésor. Je te le donne. Garde-le si grâce à lui tu trouves la sérénité et la paix.

ZARANITZ. — Je vais être riche, armé, puissant. Avec un cœur d'acier que rien ne fléchira. Je sens l'ivresse du pouvoir !

Obscurité.

.:.

D'innombrables lueurs montent au ciel à l'horizon.
La tortue *apparaît au sommet de la dune, dans le sable.*
Elle sort la tête, regarde de tous côtés puis disparaît.

.:.

Soleil de plomb.
Jules César grimpe rapidement au sommet de la dune.

JULES CÉSAR. — Regarde... Un point au large... Qu'est-ce que c'est ? Tu ne vois pas ?

Apparaît Zaranitz.

JULES CÉSAR. — Là-bas ! (*il désigne un point*) Tu es si myope. C'est un point minuscule fixé sur la frontière qui sépare l'océan de l'horizon.

ZARANITZ (*ironique*). — Comme une chiure de porcs nains ? fossilisée ?

JULES CÉSAR. — Ne te moque pas.. C'est vrai... C'est comme une petite boule noire... (*la regardant fixement*) Tu as dit que tu partais dans une barque que tu tenais cachée.

ZARANITZ (*mécontent*). — Je partirai quand ça me chantera (*changeant de ton*) Jules César... tu sais... je lui ai appris ma langue.

JULES CÉSAR. — A qui ?

ZARANITZ. — **A l'Empereur Aztèque... mon ami.**

JULES CÉSAR. — Combien de temps as-tu vécu avec lui ?

ZARANITZ. — Jusqu'à ce que je sache...

Jules César se met une coiffe à plumes d'Empereur aztèque.

JULES CÉSAR (*empereur*). — « Si tu me trahis, mon frère, les esprits te jugeront et je viendrai te chercher pour t'emmener en enfer. »

ZARANITZ (*conquistador*). — « Mon frère, jamais je ne te trahirai. » (*Inquiet*) Comment sais-tu ce qu'il me disait ?

Jules César ôte sa coiffure.

JULES CÉSAR. — Tu me l'a raconté si souvent... Tous les jours je dois faire l'Empereur.

ZARANITZ. — Ne me distrais pas, nigaud. (*Conquistador*) « Mon frère... J'ai dû éloigner... supprimer... tes courtisans, tes familiers, ton épouse... qui ne souhaitaient que ta perte. »

JULES CÉSAR. — Le point, la petite boule noire à l'horizon bouge... Aucun doute elle avance, elle ne reste pas immobile. (*froidement*) Qu'a-t-il pensé des chevaux sur lesquels vous êtes parvenus jusqu'à son pays ?

ZARANITZ. — Lorsqu'il vit les chevaux... il crut que nous étions des Dieux, les centaures dont parlaient leurs légendes... il crut que le cavalier et le cheval ne faisaient qu'un, un corps hybride mi-bête mi-homme aux pouvoirs divins... Et leurs prophètes avaient prévu la venue de ces centaures célestes... justement l'année même de notre entrée dans son empire.

JULES CÉSAR. — Et lorsqu'il s'aperçut que

178

c'était faux... lorsqu'il comprit qu'il avait été victime d'une hallucination...

ZARANITZ. — Il était trop tard... il avait déjà donné l'ordre à ses troupes de se rendre.

JULES CÉSAR. — Vous les avez faits prisonniers ?

ZARANITZ (*conquistador*). — « Au nom de Dieu qui est aux Cieux : que même les plus humbles ou les plus coupables puissent bénéficier de la vertu de la Résurrection pour parvenir à la félicité éternelle. Que le dessein de Dieu, qui sera accompli par le bourreau d'une main de fer permette la disparition de tous les impies qui menacent de profaner son Saint-Nom. Qu'ils soient décapités. L'univers et la vie ont toujours existé. C'est Dieu qui les a créés dans sa puissance et sa sagesse. Rien ne se produit ni ne se produira, ni au ciel ni sur la terre sans la permission du Seigneur et sa bénédiction. »

Jules César s'est remis sur la tête la coiffe de plumes.

JULES CÉSAR (*empereur aztèque*). — « Etranger... tu as ordonné la décollation de mes frères et vassaux, de mes enfants et de mon épouse... et tu n'as laissé la vie qu'à mes soldats qui ont décidé de s'enrôler dans ton armée. Pourquoi m'as-tu épargné ? »

ZARANITZ (*conquistador*). — « J'ai navigué pendant des mois, affrontant l'océan houleux, dans ma bouche ont germé les fleurs noires du scorbut. Dans la caravelle qui m'a conduit jusqu'à ton pays j'étais le plus humble des moussaillons. Le plus jeune et le plus frêle des mousses. »

JULES CÉSAR (*empereur*). — « Comment es-tu

devenu, comme tu l'es aujourd'hui, le chef de l'expédition ? »

ZARANITZ (*conquistador*). — « Pendant la traversée de la jungle notre armée s'est divisée en deux groupes rivaux. L'un sous le commandement du capitaine du navire, Cabeza de Vaca, et ses ennemis s'assemblèrent autour du chef de la Encomienda Real, Julio Teran de Vera. Moi j'ai créé un petit régiment clandestin avec les écuyers, les moussaillons, les marmitons, les esclaves marrons, les soutiers... bref, avec le menu fretin des membres de l'expédition. J'avais imposé une discipline de fer et notre secret fut si parfaitement gardé que les deux clans ennemis n'ont jamais soupçonné notre existence. »

JULES CÉSAR (*empereur*). — « Tu ne m'as pas expliqué, mon frère, comment tu t'es emparé du pouvoir. »

ZARANITZ (*conquistador*). — « Lorsque surgirent d'épouvantables difficultés pour franchir les zones marécageuses, les deux factions rivales entrèrent ouvertement en conflit... Notre régiment clandestin prêta main-forte successivement aux deux groupes jusqu'à ce que nous soyons parvenus à nos fins : nous débarrasser du capitaine du navire et du chef de la Encomienda Real. Je fus nommé Vice-Roi. Chaque pas me rapprochait de toi, mon frère. »

JULES CÉSAR (*empereur*). — « J'ai entendu dire que tu avais cruellement martyrisé les deux capitaines. »

ZARANITZ (*conquistador*). — « J'ai dû faire un exemple. Mais quand j'ai donné l'ordre, après qu'on les eut fouettés, de couler du plomb fondu sur leurs plaies... ils s'étaient déjà évanouis. »

Jules César (*empereur aztèque*). — « Est-il vrai que le supplice dura huit heures ? »

Zaranitz (*conquistador*). — « Pour la plus grande gloire de Dieu. »

Jules César retire la coiffe de plumes et contemple l'horizon.

Jules César. — Aucun doute, Zaranitz, la petite boule se déplace... et elle vient vers nous... J'en suis sûr.

Zaranitz. — C'est vraiment une petit boule ?

Jules César. — A moins que ce ne soit une tortue... Elle est trop loin pour qu'on puisse la distinguer...

Zaranitz. — Laisse-la venir... C'est le destin qui s'approche pour frapper à nos cœurs.

Jules César remet sur sa tête la coiffe de plumes.

Jules César (*empereur aztèque*). — « Je suis ton prisonnier... mais... m'aimes-tu ? »

Zaranitz (*conquistador*). — « Le Seigneur t'a créé différent de moi, Empereur, pour que je puisse apprécier de la sorte le mystère de la création infiniment variée. Il y a deux cents ans la peste ravagea nos terres. J'éprouve encore la nuit la même terreur que l'année où nos contrées furent fauchées par la mort. »

Jules César (*empereur*). — « Pourquoi ne m'as-tu pas tué comme tu l'as fait pour ma famille ? »

Zaranitz (*conquistador*). — « Tu es plus cher à mon cœur que la prunelle de mes yeux. »

Jules César (*empereur*). — « Pourquoi as-tu ordonné de brûler les caravelles ? »

ZARANITZ (*conquistador*). — « Pour que nul n'ait la tentation, à l'heure de l'angoisse et de la souffrance, de s'en retourner vers son pays d'origine. »

JULES CÉSAR (*empereur*). — « Pensais-tu à moi ? »

ZARANITZ (*conquistador*). — « J'avais rayé le passé avec une indicible rigueur. Je ne pensais qu'à toi. »

JULES CÉSAR (*empereur*). — « Et comment m'imaginais-tu ? »

ZARANITZ (*conquistador*). — « Depuis que j'ai touché terre, j'ai interrogé tous tes vassaux à ton sujet. Et au fur et à mesure que je m'approchais de ton palais, comme un chien de l'âme, je traçais peu à peu ton portrait à l'aide de leurs vérités et de leurs folies. »

JULES CÉSAR (*empereur*). — « Et comment me voyais-tu ? »

ZARANITZ (*conquistador*). — « Je te voyais radieux, brillant, resplendissant, tel un trésor fatal, comme un ciel inventé au-dessus de la couche la plus étroite. Je te voyais, je te pressentais lumineux. »

JULES CÉSAR (*empereur*). — « Comme l'or. »

ZARANITZ (*conquistador*). — « Comme l'or le plus pur de la terre, comme l'amour servi par la lenteur sublime et troublante. »

JULES CÉSAR (*empereur*). — « Ô mon frère de cœur, tu m'as tant désiré que tu n'as pas hésité à mentir, torturer et assassiner. »

ZARANITZ (*conquistador*). — « Je t'aime de tout mon sang. Crois-moi. Quel que soit le cataclysme qui me menace, je veux que tu saches que le plus grand trésor que tu m'as donné c'est d'ouvrir ton cœur. »

JULES CÉSAR (*empereur*). — « Je te crois mon frère... pourquoi me mentirais-tu ?... à moi ?... D'ailleurs grâce à moi tu pourrais trouver la fontaine de jouvence.

ZARANITZ (*conquistador*). — « La passion qui m'incline vers mon cher cœur est interdite dans mon pays comme crime contre-nature. Je n'ai nourri et je ne nourris envers toi que les plus nobles pensées. Prends ma main : vois comme je tremble, je frémis. »

JULES CÉSAR (*empereur aztèque*). — « Nos sangs, mon frère, devraient se mêler. »

ZARANITZ (*conquistador*). — « Et comment ? »

Jules César se fait au doigt une coupure. Il en jaillit une goutte de sang.

JULES CÉSAR (*empereur*). — « Je me suis coupé le doigt... Je saigne... Fais de même afin que nos destins s'unissent comme notre sang. »

ZARANITZ (*conquistador*). — « Crois-tu mon frère... »

JULES CÉSAR (*empereur*). — « Vite, fais une coupure à ton doigt. »

ZARANITZ (*conquistador*). — « Si Dieu n'a pas voulu que nous ayons le même sang... »

JULES CÉSAR (*empereur*). — « Il ne l'a pas voulu hier mais aujourd'hui il te le demande... Je vois que tu vas me trahir. »

ZARANITZ (*conquistador*). — « Jamais je ne te trahirai. »

Zaranitz se fait une coupure au doigt et saigne.

*Il a collé son doigt contre celui de Jules
César.*

JULES CÉSAR (*empereur aztèque*). — « Nous
voilà frères de sang, nos cœurs battront à l'unis-
son, nous vibrerons ensemble et frémirons de
concert. »

*Jules César jette à terre sa coiffe de
plumes.*

JULES CÉSAR. — Le bandit proxénète et le
mousse, nous voilà cousus et fondus l'un dans
l'autre dans les siècles des siècles.

ZARANITZ. — Amen !

*Jules César et Zaranitz se regardent un
long moment en tremblant.
Brusquement Jules César grimpe au sommet de la dune et contemple l'horizon.*

JULES CÉSAR. — C'est une barque, une barque
ronde, sans rames, sans voiles, sans timon.

ZARANITZ. — Moi je ne vois rien... c'est trop
loin.

JULES CÉSAR. — C'est une petite barque parfaitement ronde qui se dirige doucement, insen-
siblement mais inexorablement vers nous.

ZARANITZ. — Qui la dirige ?

JULES CÉSAR. — Il n'y a personne dessus.

ZARANITZ. — C'est un vaisseau fantôme

*Jules César descend de la dune et remet
sa coiffe de plumes.*

JULES CÉSAR (*empereur aztèque*). — « Pourquoi as-tu donné l'ordre de décapiter ma douce
épouse ? »

Zaranitz (*conquistador*). — « Elle te trahissait. »

Jules César (*empereur*). — « Et pourquoi as-tu fait trancher la tête de mes enfants ? »

Zaranitz (*conquistador*). — « Ils voulaient t'assassiner pour régner après ta mort. »

Jules César (*empereur*). — « En ce pays ces malheurs, ces fourberies, ces félonies n'advenaient pas avant l'arrivée de tes hommes. Les femmes étaient fidèles à leurs maris, les enfants aimaient leurs pères et les vassaux respectaient leur monarque. »

Zaranitz (*conquistador*). — « Il nous faut élever un temple... en or... à Dieu... afin que ces forfaits ne se répètent plus. »

Jules César (*empereur*). — « Un temple... en or ? »

Zaranitz (*conquistador*). — « En or... avec des pierres précieuses. »

Jules César (*empereur*). — « Tant d'or, tant de joyaux pour Dieu, pour ton Dieu ? »

Zaranitz (*conquistador*). — « Il nous faut une chambre pleine d'or... comme celle que, je le sais, tu possèdes. »

Jules César (*empereur*). — « On t'a aussi révélé cela ?... sous la torture ?... seuls mes Dieux protecteurs, destructeurs du serpent qui dévastait notre ville... »

Zaranitz (*conquistador*). — « Dis-moi où se trouve cette chambre ? »

Jules César (*empereur*). — « Je ne le dirai à personne, même sous la pire torture, je ne puis trahir mes Dieux. »

Zaranitz (*conquistador*). — « (*radieux*) Alors c'est vrai, elle existe ! »

JULES CÉSAR. — Une grotte remplie de lingots d'or, de devises, de joyaux d'une valeur inestimable... le fruit du hold-up que j'ai monté avant d'être fourré en prison... Trois femmes, mes gagneuses, travaillant dans un bordel pour moi... Tout : le pouvoir, la gloire, l'argent. Je te donne tout. C'est à toi. Pourquoi rêves-tu encore au trésor de ton empereur aztèque ?

ZARANITZ. — Pourquoi est-ce que tu me donnes tout ?

JULES CÉSAR. — Tu es poussière et tu retourneras à la poussière. A quoi te servira-t-il de conquérir le monde si tu perds ton âme ? J'ai vu Dieu. Je crois en lui. Il m'a régénéré.

ZARANITZ. — Alors pourquoi me livres-tu un trésor dont tu penses qu'il me perdra ?

JULES CÉSAR. — Zaranitz, je veux que tu retournes dans ton pays, dans ton foyer, dans ta cité avec tout ce que tu avais rêver de posséder alors qu'étant un gamin, un moussaillon, tu t'étais embarqué sur une caravelle. c'est ainsi que tu guériras.

ZARANITZ (*jouvenceau*). — « Mère je veux être riche, je veux posséder l'Eldorado. Je mettrai tout à vos pieds. Aujourd'hui je ne suis qu'un mousse, mais pour vous je veux conquérir un royaume. Je vous rapporterai des colliers, des gâteaux, des esclaves indiens, des miroirs en ivoire, des biscuits au chocolat, des jarres remplies d'épices et un petit chien blanc comme celui de la duchesse. »

JULES CÉSAR (*mère de Zaranitz*). — « Mon fils la seule chose que je désire, c'est que tu demeures près de moi. Tu es mon bâton de vieillesse. »

ZARANITZ (*jouvenceau*). — « Mère, nous sommes pauvres, nous devons nous cacher pour que les voisins ne sachent pas que nous jeûnons depuis que père est mort de la gangrène et qu'il ne nous a rien laissé en héritage. »

JULES CÉSAR (*mère*). — « Même si je n'ai rien à manger... je t'ai toi mon enfant, et tu vaux tout l'or du monde. »

ZARANITZ (*jouvenceau*). — « Mère : je vais être puissant. Je partirai sur une caravelle comme mousse et je reviendrai Vice-Roi... et je grimperai à la cime du figuier et ensemble nous réciterons les litanies tandis que du sommet de l'arbre, caché, j'assisterai le jeudi au tournoi de la Grand-Place. »

JULES CÉSAR (*mère*). — « Donne-moi un baiser, mon trésor fou. »

Ils s'embrassent
Zaranitz revient à la réalité.

ZARANITZ (*furieux*). — Tu vas me faire éternuer avec les gros poils de ton nez. J'en ai assez que tu fasses ma mère... Je t'ai dit mille fois de ne pas fureter dans mon album de famille.

JULES CÉSAR. — La barque s'approche.

ZARANITZ (*furieux*). — Peu me chaut la maudite barque du diable ! (*un temps*) A quelle distance se trouve-t-elle ?

JULES CÉSAR. — A une dizaine de kilomètres.

ZARANITZ. — Fat : qu'est-ce donc que ces kilomètres. Tu ne peux pas calculer en lieues comme tout le monde ?

Jules César remet la coiffe de plumes.

JULES CÉSAR (*empereur aztèque*). — « Jamais je ne te dirai où se trouve la chambre. »

ZARANITZ (*conquistador*). — « Je suis ton frère. Tu m'es aussi cher que mon âme. Tu ne peux refuser de... »

JULES CÉSAR (*empereur aztèque*). — « Ne me demande pas l'impossible, ne me fais pas souffrir. »

ZARANITZ (*conquistador*). — « Tu vas me le dire. »

JULES CÉSAR (*empereur aztèque*). — « Tu n'as pas à élever la voix. »

ZARANITZ (*conquistador*). — « J'en ai assez de tes fourberies ! »

Il lui lance un coup de poing qui le jette à terre.

JULES CÉSAR (*empereur aztèque*). — « Tu as levé la main sur ton frère. »

ZARANITZ (*conquistador*). — (*Froid et brutal*) « Ecoute-moi bien : nous sommes seuls sur cette barque en pleine mer, je vais t'attacher à la tige des rames. »

JULES CÉSAR (*empereur*). — « Ne fais pas ça. »

Zaranitz « attache » Jules César jambes écartées et bras en croix.

ZARANITZ (*conquistador*). — « Tu es là immobile, ligoté, je te tiens à ma merci. Je peux faire de toi ce qui me plaira. Personne ne peut venir à ton secours. »

JULES CÉSAR (*empereur*). — « Et ton Dieu... et ton Dieu de bonté ? »

ZARANITZ (*conquistador*). — « Dis-moi où se trouve la chambre remplie d'or. »

JULES CÉSAR (*empereur*). — « Je ne puis te le dire. »

ZARANITZ (*conquistador*). — (*Une dague à la main*) « Regarde cette dague. Tu l'as bien vue de tes yeux ? »

> *Il lui crève l'œil et l'arrache, il reste fixé au fil de la dague.*

ZARANITZ (*conquistador*). — « Regarde ton œil cloué au bout de ma dague... j'attends que tu passes aux aveux... ou je vais continuer. »

Jules César pleure.

JULES CÉSAR. — Et tu as été capable d'arracher un œil à l'Empereur aztèque, à un homme que tu appelais ton frère ?

ZARANITZ (*conquistador*). — « Avoue une bonne fois où se trouve la chambre ou tu vas perdre le deuxième œil. »

JULES CÉSAR. — Tu es le pire des monstres. En prison, dans les cellules de haute surveillance, je n'ai vu personne d'aussi cruel...

ZARANITZ (*avec impatience*). — Continue à jouer le rôle de l'Empereur aztèque... Drôle !

JULES CÉSAR (*empereur*). — « Tu m'as rendu aveugle ! quelle immense douleur de se voir mutilé par son " frère ". »

ZARANITZ (*conquistador*). — « Avoue où est l'or, où sont les joyaux ?

JULES CÉSAR (*empereur*). — « Enfin à présent que je suis aveugle je vois mieux que jamais (*avec sérénité*). Le bateau va sombrer, et moi l'Empereur aztèque, je vais disparaître dans le naufrage... mais toi tu vas survivre... Tu aborderas dans une île... où tu découvriras des excréments de porc qui te rendront immortel, afin que seul et abandonné tu médites éternellement sur tes crimes. Tu demeureras solitaire, demi-fou, sans autre pouvoir que celui de trouver de la nourriture sous le sable... pendant des siècles... jusqu'au jour où je reviendrai pour t'emporter en enfer. »

Jules César se redresse.

JULES CÉSAR. — La barque a sombré ?

ZARANITZ. — L'océan l'a engloutie.

JULES CÉSAR. — Et l'Empereur ?

ZARANITZ. — La mer l'a dévoré... pour toujours... moi j'ai atteint à la nage les rivages de cette île... ce purgatoire de sable...

JULES CÉSAR. — Pauvre Zaranitz, comme j'ai pitié de toi... Et depuis lors tu attends avec angoisse.

ZARANITZ. — Que veux-tu que j'attende ?

JULES CÉSAR. — Que ton frère... revienne... pour t'ensevelir en enfer.

ZARANITZ. — L'Empereur ne peut revenir. Lorsqu'on meurt c'est pour toujours... Il est mort voilà des siècles... il ne reviendra pas...

JULES CÉSAR. — Toi... un croyant.

ZARANITZ. — Je t'ai toujours menti, je n'ai jamais cru en Dieu.

JULES CÉSAR. — Tu ne peux nier la prodigieuse lumière de la Divinité.

ZARANITZ. — Il n'y a pas d'autre vie.

JULES CÉSAR. — Et la transcendance dont tu m'entretenais tant ?

190

ZARANITZ. — Quand on est mort c'est pour
[longtemps
Le lièvre vivant tire la moustache du lion mort
Mieux vaut goujat debout qu'Empereur enterré
Après cette « vallée de larmes », point final,
[rideau.

JULES CÉSAR. — Tu m'as dit et répété qu'il
existe un Jugement Dernier : aujourd'hui j'y
crois de toute mon âme, ainsi qu'au Châtiment
Eternel pour les coupables et à l'Infinie Récompense pour ceux qui meurent en état de grâce.

ZARANITZ. — Calembredaines. Attrape-gogos.
Turlutaines pour demeurés. Contes de fées, dra-
gons de feu à l'usage des misérables qui souhai-
tent se griser face à l'absurdité de la vie et à la
mort sans remède.

JULES CÉSAR. — Comme te voilà triste. Tu
souffres à ce point ? Je t'aime, moi.

ZARANITZ. — Tais-toi, serpent.

JULES CÉSAR. — Je veux me sacrifier... pour
toi...

ZARANITZ. — Il n'y a plus de sacrifice... sauf
sur l'autel de nos aises.

JULES CÉSAR. — Laisse-moi t'aimer.

ZARANITZ. — Jules César... (il s'écarte de lui
et contemple l'horizon) A présent j'aperçois la
barque.

JULES CÉSAR. — Elle est très proche.

ZARANITZ. — Je peux voir qu'elle est ronde.

JULES CÉSAR. — ... Maintenant je me rends
compte : c'est une gigantesque carapace de tortue flottant sur le dos.

ZARANITZ. — Vois-tu la tortue ?

JULES CÉSAR. — Ni sa tête ni ses pattes.

191

ZARANITZ (*ironique*). — Une tortue sans pieds ni tête, sans cœur et sans âme.

JULES CÉSAR. — Comment une simple carapace a-t-elle pu s'approcher d'ici ?

ZARANITZ. — Chassez le naturel, il revient au galop.

JULES CÉSAR. — Personne ne la chevauche.

ZARANITZ. — Il n'y a personne... sur le pont ?

JULES CÉSAR. — Il n'y a pas de pont. D'après ce que l'on peut voir d'ici, l'intérieur de la carapace est vide.

ZARANITZ. — Tu en es sûr ? regarde bien.

JULES CÉSAR. — Attends... Qu'est-ce que c'est ? Un instant. Une tête se dresse... une tête humaine.

Zaranitz tourne le dos à l'horizon.

ZARANITZ. — A la peau basanée.

JULES CÉSAR. — Oui, basanée.

ZARANITZ. — C'est un homme d'environ 33 ans.

JULES CÉSAR. — C'est l'âge qu'il paraît.

ZARANITZ. — Fort beau.

JULES CÉSAR. — Oui, de bonne mine.

ZARANITZ. — De son visage... émane... comme... une infinie douceur...

JULES CÉSAR. — Une sérénité majestueuse.

ZARANITZ. — Il porte une coiffe à plumes.

JULES CÉSAR. — Qui couronne sa tête.

ZARANITZ. — Vois-tu sa poitrine ?

JULES CÉSAR. — Il surgit à présent... je le distingue très bien.

ZARANITZ. — Il est torse nu.

JULES CÉSAR. — Comment peux-tu le savoir ?

ZARANITZ (*après une longue pause*). — C'est l'Empereur aztèque.

JULES CÉSAR. — L'Empereur !

ZARANITZ (*avec sérénité*). — Il vient pour que s'accomplisse sa prédiction, il vient pour me perdre, m'entraîner aux abîmes, me détruire comme la charge de centaures détruisit son royaume. Il vient me conduire en enfer... Adieu Jules César.

Zaranitz avance vers l'horizon.
Jules César, en pleurs, tente de le retenir.

JULES CÉSAR. — Tu ne vas pas... J'ai besoin de toi... Fais-le pour moi... Je t'aime. Je ferai toujours ce que tu me demanderas... Je te donnerai mon âme, mes rêves, mon sang...

ZARANITZ. — Ne fais pas sangloter mon cœur. Mon heure a sonné... laisse-moi... Je t'ordonne de me laisser partir... Seul. Adieu !

Il part en courant et se perd à l'horizon.

JULES CÉSAR. — Que ta volonté soit faite.

Soudain on entend un formidable cri-mélodie chanté par une soprano.
Jules César contemple, horrifié, ce qui se passe, et se cache les yeux, épouvanté.
Obscurité soudaine.

*
**

Soleil de plomb.
Jules César est en train de prier sur scène, ayant revêtu la tenue de Zaranitz et son casque.

HAUT-PARLEUR. — Que personne ne bouge dans les cellules de la 3ᵉ galerie. Nous allons procéder à l'appel. Chaque prisonnier doit rester debout

193

et s'aligner nu contre le mur, face à la porte de sa cellule, et de dos.

> *Jules César sort précipitamment.*
> *Entre « un homme » en tenue de prisonnier en fuite (la tenue que portait Jules César au cours de la première scène), traînant une barque délabrée. (Il ressemble beaucoup physiquement à Zaranitz.) Son costume laisse voir qu'il a séjourné de longues heures dans l'eau.*
> *Il s'apprête à boire l'eau de sa gourde, mais celle-ci est vide.*
> *Il tombe à plat ventre sur le sol, épuisé, exténué, évanoui, les bras en croix.*
> *Entre Jules César.*

JULES CÉSAR. — De quel droit un pou galeux vient-il souiller de sa bave, de sa galimafrée rance et de ses immondices sordides ce paradis terrestre ?

> *« L'homme », sur le point de s'évanouir parvient à murmurer :*

L'HOMME. — De l'eau... de l'eau... je meurs de soif.

> *Jules César se place au-dessus de lui, les pieds de chaque côté de sa tête.*

JULES CÉSAR. — Que Satan ouvre sa bouche.

RIDEAU

FIN

POSTFACE

RÔLE DES SÉCRÉTIONS ET EXCRÉTIONS DANS LE THÉÂTRE D'ARRABAL

par Luce MOREAU-ARRABAL
Maître de conférences
Université Paris 4

> *Il faut penser de tout son corps.*
> MALLARMÉ.

> *Mon théâtre est un théâtre « sauvage »*
> *inspiré des fêtes de l'Espagne qui ne se*
> *comprennent que par le ventre.*
> ARRABAL.

> *... Dans mes mises en scène, j'apporte*
> *la nature, avec sa bestialité, sa mélancolie.*
> ARRABAL.

En relisant le théâtre d'Arrabal [1] nous avons été frappée par les nombreuses allusions au corps humain, à ses sécrétions et excrétions, et nous avons pensé qu'il serait intéressant d'élucider le rôle que peuvent jouer dans l'œuvre dramatique de l'auteur les multiples images, métaphores et jeux de scène qu'elles suscitent.

Nous nous proposons donc d'esquisser dans cet article une étude sur la sueur, le sperme, la salive, l'urine, les excréments, le sang et les larmes, ainsi que leurs différentes associations et combinaisons dans le théâtre d'Arrabal. (En

197

effet, c'est dans cet ordre d'importance que ces allusions nous sont apparues.)

1. L'intimité du corps étalée

Arrabal ose montrer et dire l'intimité du corps. Il répond lui-même aux questions et aux reproches que lui adressent les journalistes : « On m'a dit : Dans votre théâtre il y a tout ce que l'on n'ose pas dire. » « Et pourquoi n'ose-t-on pas ? Il faut justement dire ce qu'on n'ose pas dire. Et la vie intime ? domestique ? (B. Gille, p. 130) ; de même à propos de la scatologie dans son œuvre et plus précisément de la présence de pots de chambre sur scène, il précise : « ...c'est la vie. Le Théâtre établit toute une série de limitations artificielles. Normalement on n'y mange pas, on n'y fait pas l'amour. Alors, naturellement, on n'y pisse pas non plus. Je ne cherche pas la provocation. » (Théâtre 3, p. 19.)

Retenons donc l'explication proposée : exiger d'un auteur qu'il nous montre la vie sans fard, sans craindre de « tomber brusquement dans l'organique ». (B. Gille, p. 130.)

Nous suggérerions une seconde motivation, et nous la puiserions dans l'œuvre même de l'auteur, dans *Une tortue nommée Dostoïevski* (p. 154), Liska déclare à son mari : « Dans tes rêves, tu disposes d'une imagination qui ne connaît pas les bienséances, ni le bon goût, ni les images distinguées. Ton rêve est une matière brute, c'est l'oiseau des arbres et le réverbère de la nuit. » Inutile de rappeler le caractère onirique du théâtre d'Arrabal qui souhaite voir représenter sur scène toute la réalité, diurne et nocturne, et par conséquent affranchie de la logique du conscient et de ses censures.

Le théâtre de la confusion se révèle être un théâtre de l'incertitude : l'Architecte, compagnon de l'Empereur d'Assyrie, n'a aucun critère du bon et du mauvais goût. Il s'enquiert auprès de l'Empereur : « Qu'est-ce qui vaut mieux ? Tu ne m'en as jamais rien dit. » (Les personnages d'Arrabal, contrairement à ce que l'on a pu affirmer[e], n'ont pas plus d'esthétique que d'éthique.) Faut-il rappeler que les grands moments de notre existence : naissance, amours, mort, nous les vivons dans notre chair et avec une grande violence dépourvue de toute distinction ? Joie et souffrance se manifestent par des changements notables dans la régulation de nos « humeurs ».

2. La sueur

Elle apparaît d'abord (chronologiquement) dans le théâtre d'Arrabal, mêlée au sang : dans *Le Cimetière des voitures* Emanou revit la Passion du Christ dont il incarne un nouvel avatar ; il est flagellé puis crucifié sur une bicyclette. Dila, servante humiliée jusqu'à la prostitution, seconde Marie-Madeleine, répète le geste de sainte Véronique essuyant les traits du sauveur : le linge garde imprimé le visage de Jésus.

Ce motif inspiré de la Passion est repris par Arrabal dans *Les fillettes* : Lia essuie le visage de Karim (p. 81). Paso, l'homme roux, le supplicié pour raison inconnue, est présenté sur scène également couvert de sang et de sueur, dans une cage traînée par une bicyclette. Notons au passage qu'Arrabal utilise, comme dans le rêve, le processus de condensation, clef du polymorphisme de ses personnages ; il est probable que Paso, l'homme roux, est aussi Judas, le traître, car il se montre bien tel, persécutant Viloro l'apprenti pianiste (*Bicyclette*, p. 161). On sait que la tradition attribuait à Judas des cheveux roux (*Dictionnaire des Symboles*, p. 665) et l'on connaît le proverbe espagnol « ni perro ni gato de ese color ». Pour Jung, le drame de Judas est celui de la jalousie[3], or il semble que les cheveux roux signifient, si l'on en croit Jean Boullet, jalousie morbide[4]. Dans *Le Ciel et la Merde*, Ribla répond à Judas, pour lever nos doutes : « Tu es le rédempteur, grâce à toi a eu lieu la Passion et c'est toi et toi seul qui t'es sacrifié. Le Christ eut le beau rôle » (p. 68). Borges n'affirme-t-il pas : « Dieu s'est fait totalement homme mais homme jusqu'à l'infamie, homme jusqu'à la réprobation et l'abîme. Pour nous sauver, il aurait pu choisir n'importe lequel des destins qui tissent le complexe filet de l'histoire ; il aurait pu être Alexandre ou Pythagore ou Rurik ou Jésus ; il a choisi un infime destin : il a été Judas[5]. »

Arrabal lui-même déclare à propos d'Emanou, voleur et assassin : « ça ne me choque pas car cela me semble profondément vrai cette ambiguïté... car en fait nous sommes tous capables de tout ». Pour notre part nous interpréterions le polymorphisme du personnage arrabalien comme les mille et une transformations d'un seul et unique personnage indéfiniment multiplié, l'Homme dans son ambivalence fondamentale[6].

Judas, donc, n'est qu'un Christ un peu plus

pathétique que son illustre modèle, parce qu'il assume jusqu'au bout la condition humaine. Retenons l'importance que nous ne cesserons de souligner au cours de cette étude, du modèle christique, de la vie et de la Passion de Jésus dont les différentes péripéties se répètent comme un leitmotiv obsessionnel, même s'il est souvent traité par la dérision, dans toute l'œuvre arrabalienne.

Le geste de sainte Véronique, nous allons le retrouver curieusement teinté d'érotisme, dans *Le Grand Cérémonial* : Cavanosa vient de fouetter sadiquement une de ses poupées — il s'agit bien entendu d'un succédané d'une copulation impossible et Sil avec une serviette lui éponge le front. De même, mais cette fois il y a véritablement accouplement, lorsque Amiel et Lélia (dans *Et ils passèrent des menottes aux fleurs*) s'unissent sous un drap, Imis et Falidia toujours avec des serviettes étanchent la sueur de leurs tempes. Nous allons rencontrer fort souvent le glissement du sacré (flagellation et crucifixion du Christ) à l'érotisme (flagellation sadique — copulation) et assister au long de l'œuvre d'Arrabal à une perpétuelle érotisation de la Passion et sacralisation d'Eros par interférence comme si Passion du Christ et ébats sexuels se superposaient dans l'inconscient de l'auteur. L'origine de ce sadomasochisme doit être cherchée dans la pratique religieuse d'un enfant espagnol, surtout s'il a vécu ses jeunes années après la guerre civile. « Nous avons été élevés dans la douleur, nous étions nourris de sadomasochisme... Tout allait de soi pour nous ("Arrabal" Raymond, p. 15) ...les défilés de la Semaine sainte lui apprennent qu'amour et souffrance sont intimement liés... (*id.*) C'est en récitant le chapelet que le petit garçon avait connu ses premières érections. » (*id.*)

La sueur apparaît encore comme le tribut payé par l'homme pliant sous un labeur harassant, condamné par l'ire divine à gagner sa vie « à la sueur de son front ». C'est ainsi que Tenniel évoque les servitudes et les souffrances auxquelles le soumet son rôle de grégario, de prolétaire du vélo : « Tous les jours à suer, à courir, épuisés. » (*Jeunes Barbares*, p. 22.) En revanche Arrabal parle sur un mode satirique de la sueur de l'Ami riche qui prétend avoir amassé des millions « à la sueur de (son) front » (*Menottes*, p. 21). Pourtant il est une sueur tonique et vivifiante, c'est celle qui tombe en « étoiles de vie » sur les spectateurs contemplant l'artiste créateur lorsqu'il s'avance radieux, « *Sur le fil* ». C'est ainsi que le dépeint Wichita, suant à grosses gouttes avant l'orgasme, arrachant les badauds à leur pesanteur, leur prodiguant une sorte de liqueur de vie (*Sur le Fil*, p. 42). Disons que la sueur, dans le théâtre d'Arrabal, apparaît comme ambivalente : elle connote tantôt l'idée de souffrances, tantôt l'idée d'orgasme ; elle illustre soit le labeur écrasant et castrateur, soit le travail créateur et fécond de l'artiste. Elle souligne les liens ambigus qui unissent l'érotisme et la Passion du Christ.

3. *Le sperme*

Le sperme n'apparaît guère dans les premières pièces d'Arrabal. A partir de *L'Architecte et l'Empereur d'Assyrie*, l'auteur va faire de nombreuses références à la masturbation (p. 119), acte éminemment solitaire, qui trahit la déréliction profonde de l'homme, ici (dans *L'Architecte et l'Empereur d'Assyrie*) de l'Empereur abandonné de Dieu et des hommes dans une île désertée par son unique habitant ; il se débat, aux prises avec sa sexualité envahissante et ses servitudes (voir allusion humoristique au contrôle des naissances dans une île déserte, p. 130) et avec une féroce répression religieuse : (« Si j'ai bonne mémoire toutes (les religions) interdisent la masturbation » p. 188). Les religions, surtout la religion catholique telle que l'a connue l'auteur font honte à l'homme de son corps (voir spiritualité opposée aux besoins sexuels dans *Le Ciel et la Merde,* p. 80). Dans cette même pièce Arrabal illustre les phantasmes de caractère incestueux qui hantent l'imagination de l'Empereur (drame œdipien) grâce à l'évocation d'une possible fellatio par bouche maternelle (il s'agit encore, bien évidemment, d'un succédané du coït impossible).

D'ailleurs, l'œuvre d'art ne serait-elle pas qu'un prétexte, une fausse sublimation de l'acte sexuel ? (« Tu joues les poètes et tu ne penses qu'au sperme » *Sur le Fil*, p. 48.) La fellatio reparaît symboliquement dans *Bella Ciao*, pour, sur le mode satirique, mettre en relief le rôle odieux des capitalistes exploitant le tiers monde : un indigène est couché sur la table, la bourse lui suce le pénis (puits de pétrole) et avale le liquide (p. 42).

On la retrouve également dans le délire sexuel de Tenniel, le grégario exploité, contraint pour réaliser des performances sportives au service de son patron, de ne pas assouvir ses besoins sexuels (*Jeunes Barbares*, p. 15). La fellatio dans ces pièces illustre le rôle répressif du travail. C'est aussi une marque de mépris et d'humiliation (voir *Jeunes Barbares*, p. 38).

Arrabal s'en sert également d'une manière blasphématoire pour railler le Christ (voir fellatio du Christ par Falidia dans *Et ils passèrent des menottes aux fleurs*, p. 41). Mais là encore, il ne faut pas se hâter de crier à la provocation. N'y a-t-il pas, derrière la dérision, une volonté d'humaniser Jésus qui doit voler, assassiner et copuler comme le dernier des hommes pour pouvoir véritablement assumer toute la condition humaine ? La souillure et le blasphème débouchent soudain sur le sacré : l'un des plus beaux passages de *Et ils passèrent des menottes aux fleurs* n'est-il pas l'union d'Amiel et de Lélia ? (p. 87) : « Avec un recueillement religieux (musique d'orgue), Amiel dépose dans la bouche de Lélia une substance gélatineuse (du sperme) qu'elle avale et lui dit (musique d'orgue) : Communie avec mon essence. Reçois le corps de mon corps dans les siècles des siècles. Ainsi soit-il. » Ainsi assistons-nous à un télescopage des sacrements et à l'équation suivante : mariage = coït = communion. Nous retrouvons également la superposition Eros-Passion du Christ, la communion prend un caractère sexuel, l'union des corps devient acte sacré.

Or il se pourrait qu'Arrabal ait redécouvert, par intuition, le sens primitif possible de la communion.

Mabille, auteur d'une étude sur le cas de Thérèse de Lisieux, suggère que la communion « ne serait qu'une sublimation du rapport sexuel buccal et une survivance de cultes phalliques ancestraux ». « Le sperme général du monde est censé se répandre alors dans le corps des fidèles (p. 59). L'auteur ajoute, pour plus de clarté : " Cette cérémonie était pratiquée pour la première fois, tout au moins jusqu'à ces dernières années, à l'âge de la puberté et... a remplacé des cérémonies grecques analogues liées elles aussi, sans contestation possible, à l'initiation sexuelle ". » Le sperme général du monde : ne faut-il pas comprendre ainsi le phantasme de Chester drogué pour la bonne cause, celle du sport, découvrant Dieu dans le sperme ? (*Jeunes barbares*, p. 38.) Le sperme est encore évoqué par Arrabal qui, se faisant freudien, tente dans *Et ils passèrent des menottes aux fleurs*, de découvrir le sens du rite nuptial consistant à jeter du riz sur les jeunes époux. De même les cosmonautes, premiers époux de la lune se livrent-ils, selon Arrabal, à une sorte de rite nuptial (ou rite de fécondation ?), la poussière de la lune qu'ils recueillent étant assimilée au sperme. Mais comme il s'agit de deux hommes et que sur la lune, astre mort, le sol ne saurait se montrer fertile, ne s'agit-il pas de souligner l'aspect dérisoire et vain d'un exploit technique hautement vanté ?

4. *La salive*

Ne nous étonnons pas si les miracles de Jésus stimulent l'imagination d'Arrabal : dès *Oraison* apparaît l'épisode évangélique de Jésus guérissant un aveugle en lui humectant les paupières de salive et en lui imposant les mains (parabole de l'aveugle). Ce geste est imité par Arlys mouillant ses doigts avec sa langue et les passant sur les yeux de Malderic et de Kardo, lequel s'écrie aussitôt : « Je vois, je vois ! » (*Lai*, p. 126). De même dans les *Menottes* voyons-nous Tosan jouer le rôle du Christ redonnant la vue à un prêtre (p. 40).

La salive semble donc posséder une vertu curative. C'est bien ainsi, au niveau, non plus du miracle et du merveilleux, mais du quotidien, sur le mode mineur et plaisant que l'entend Arrabal lorsque Fanchou conseille à Lira (se plaignant d'une blessure) de mettre un peu de salive sur son bras et son mouchoir par-dessus (*Guernica*, p. 13).

D'ailleurs, bien savoir cracher n'est pas le moindre mérite de l'homme et peut compenser des faiblesses (telle par exemple la petite taille. Voir le *Tricycle*, p. 117). Dans l'esprit de Mita, il s'agit sans doute d'une marque de virilité et l'on connaît des compétitions entre petits garçons à qui crachera ou urinera le plus loin. Cracher en l'air peut nous permettre de trouver l'inspiration (voir *Lai*, p. 100) ; la salive a parfois d'autres utilisations inattendues et permet des effets comiques : Milos, le maître d'hôtel apparemment bien stylé, crache sur les chaussures de ses clients pour les faire briller, utilisant ainsi sa salive comme cirage. Ce domestique parfait ne serait-il qu'un hypocrite ? Si la salive semble jouer parfois un rôle positif dans l'imagination d'Arrabal il ne faut pas omettre de mentionner son ambivalence. Cracher sur quelqu'un, c'est lui manifester son mépris, le crachat sert à provoquer, à défier ou à humilier l'adversaire : c'est ainsi que Milharca suggère à Laïs de cracher sur Téloc (supposé « aimer ça », donc être masochiste. *Jardin*, p. 98), qu'Erasme gardien de prison pousse Judas à alimenter un détenu par un entonnoir, puis à cracher dans l'appareil (*Le Ciel et la Merde*, p. 34), que Tenniel crache également dans l'entonnoir enfoncé dans la bouche de Dumpty, mais il s'agit cette fois d'une vengeance par procuration (« Partage-le avec Snarck », *Jeunes Barbares*, p. 39). L'humiliation de l'autre prend un aspect clairement érotique et sado-masochiste lorsqu'il s'agit d'un homme et d'une femme. (Lis l'initiatrice ouvre la bouche de Fridigan et elle crache à l'intérieur. *Ars amandi*, p. 81.) Erasme rappelle à Grouchenka qu'il la frappait la nuit, et crachait sur elle (*Le Ciel et la Merde*, p. 74).

Il semble dans ces derniers exemples que la salive et le crachat soient assimilés au sperme et que l'acte de cracher dans la bouche constitue un succédané de l'acte sexuel, même si les rôles, dans le cas de Lis, sont invertis (nous verrons plus loin que la femme rêve parfois de renverser les rôles et de célébrer des noces où elle tiendrait la place du mâle). Notons également que la scène de la Passion où le Christ est raillé par les soldats, couvert de sueur, de sang et de crachats, permet à l'inconscient d'Arrabal d'assimiler encore une fois religion et sexe, Eros et Agapé.

Nous retrouvons la même connotation érotique lorsque Cleaver, ayant contemplé la scène défendue, celle de l'accouplement parental, se voit brutalement saisi d'une crise d'épilepsie, commence à baver et à écumer (épisode inspiré par la vie de Dostoïevski. *Le Ciel et la Merde*, p. 43).

Enfin, Arrabal reprend les métaphores populaires « en baver », « cracher le morceau » et les adapte à la situation : Tenniel, abruti par le travail, exploité par Snarck s'écrie : « Je suis capable de tout lui cracher au visage. J'en ai trop bavé à son service » (*Jeunes Barbares*, p. 11). En effet, détraqué par les amphétamines, Chester le coureur dopé se met à délirer et à baver horriblement (*id.*).

Comme la sueur, la salive semble fortement chargée d'ambivalence : tantôt liquide possédant des vertus curatives, tantôt venin destiné à se venger d'autrui, que ce dernier vous ait réellement humilié (cas de Snarck) ou non (sévices sexuels).

5. L'urine

Nous avons déjà cité l'auteur expliquant le rôle que joue la scatologie dans son théâtre et celui des pots de chambre montrés crûment sur scène : la revendication des besoins du corps, de tous les besoins, et la nécessité d'évoquer la vie sans fard. Il semble d'ailleurs que le héros arrabalien garde en ce qui concerne son corps et le monde une vision infantile. (Logique terroriste de l'enfance selon A. Shiffres, p. 57)[7] : il est amené ainsi tout d'abord à accorder beaucoup d'importance à l'urine et aux excréments, en toute innocence (d'où le rôle du pot de chambre-cadeau. Voir *Bicyclette du condamné*, p. 168. *Cérémonie pour un Noir*, p. 199, car l'on n'ignore plus, depuis Freud, que l'enfant considère l'urine et les excréments comme des cadeaux offerts à la mère), aux fonctions naturelles (voir *Oraison*, p. 19 : « Dieu nous voit même quand nous faisons pipi. » *Le Tricycle*, p. 126 : « Au ciel on ne fait pas pipi », c'est bien dommage).

L'enfant étant toujours selon Freud un « pervers polymorphe », il n'est pas étonnant qu'il aime regarder les autres uriner (voir *Le Tricycle*, p. 96 : Mita aime regarder, cachée derrière un arbre, les hommes pisser. Dans *Le Labyrinthe*, p. 68 : Micaela fait pipi devant Bruno pour lui faire plaisir ou boire sa propre urine (voir *Architecte*, p. 154).

Uriner devient parfois un jeu franchement iconoclaste tel que pisser sur la tombe du soldat inconnu par provocation (Filtros propose ce jeu à Li, *Concert dans un œuf*, p. 202).

L'urine possède d'ailleurs un mystérieux pouvoir fertilisateur (à défaut d'arroser un pot de fleurs, on peut pisser dessus pour avoir de jolies fleurs. *Noir assassiné*, p. 188).

Le pot de chambre en tant qu'accessoire apparaît donc souvent sur scène (déjà dans *le Tricycle*, un pot de chambre écaillé est entassé dans le triporteur avec d'autres objets aussi insolites), dans *Le Cimetière*, où des mictions plus ou moins abondantes et répétées que le spectateur ne fait qu'entendre permettent des effets comiques (p. 150-151) dans *La Bicyclette*, dans le *Noir assassiné*, *Concert dans un œuf*.

Les cabinets jouent un rôle important dans *Le Labyrinthe* (voir excréments) et dans *Guernica*, où ils se changent, par dérision, en... cabinet de lecture (p. 32-33).

C'est dans cette retraite que Lira peut devenir une femme instruite. Fanchou, vieillardenfant s'enquiert tendrement auprès de sa femme : « As-tu fini de faire pipi ? » (p. 13). Fando se plaint du mutisme de Lis et regrette d'ignorer les besoins de sa compagne : « Je ne sais pas si tu as faim ou si tu veux des fleurs ou si tu as envie de pisser » (*Fando et Lis*, p. 59). Liska se demande si son mari avalé par une tortue radioactive, pourra satisfaire ses besoins dans l'animal (*Tortue nommée Dostoïevski*, p. 163).

Ce genre de préoccupations apparemment infantiles, révèle toute la tendresse de l'homme pour la femme, ou de la femme pour l'homme, tendresse quasiment maternelle.

Dans le *Cimetière*, une mère s'inquiète de son bébé : « Il a été sage ? » — « Oui, très. » — « Il a fait pipi ? » — « Non, puisque je vous dis qu'il a été sage. » (p. 178).

Ici transparaît le dressage précoce et tyrannique auquel on soumet l'enfant qui doit apprendre tout jeune à se rendre maître de ses besoins les plus impérieux. C'est dès les premiers mois que débute l'asservissement à tous les niveaux : ainsi Dila, servante humiliée (elle est contrainte de porter les pots de chambre aux clients de l'hôtel), se change-t-elle en tyran domestique régentant la vie des hôtes avec la plus extrême rigueur (*Cimetière* p. 151 : « C'est votre heure, Monsieur »). De même que cracher sur autrui c'est lui manifester son mépris, pisser sur autrui, sadiquement, revient à l'avilir, à en faire sa chose (on sait que les animaux marquent leur territoire en urinant). Uriner sur un autre c'est aussi éjaculer sur lui, le « posséder ». Là encore nous retrouvons l'équivalence salive = sperme = urine.

Les exemples abondent dans l'œuvre : le juge cruel du *Labyrinthe* urine sur ses victimes (c'est le substitut du « père terrible »). Bana et Ang urinent également sur Fridigan qui se révolte, refusant la résignation masochiste (*Ars amandi*, p. 19).

Érasme-gardien pousse les femmes à se soulager dans l'entonnoir par lequel on gave un gréviste de la faim (*Le Ciel et la Merde*, p. 35) et Tenniel incite Chester à uriner, également sur Dumpty couché sur une table, un entonnoir dans la bouche (*Jeunes Barbares*, p. 40).

Comme nous l'avons vu précédemment le phantasme sadique visant à humilier l'adversaire se retrouve dans les liens érotiques unissant le couple sado-masochiste : Grouchenka rappelle à son maître qu'au milieu de la nuit il crachait et urinait entre ses seins (*Le Ciel et la Merde*, p. 75).

Dans le monde des prisons ce phantasme se retrouve transposé sur le plan de l'homosexualité (*id.*, p. 82).

Au défi se joint le blasphème teinté de nostalgie : l'évocation du Christ, de Dieu et de son absence au monde pousse l'auteur à exercer sa verve caustique.

Dans sa solitude, l'Empereur évoque l'humanité chiennifiée assouvissant ses besoins sur un Christ crucifié à un réverbère (*L'Architecte et l'Empereur*, p. 135).

L'auteur obtient également un effet comique assez énorme en parodiant les miracles de Jésus : pour prouver son caractère divin, le sauveur urine dans la bouche des femmes, mais l'urine se transforme en chocolat chaud (*Les Menottes*,

p. 70), parodie de transsubstantation. Ou bien il redonne la vue à un vieillard le gratifiant même d'un troisième œil, en frictionnant ses yeux avec de l'urine (voir la parabole de l'aveugle. C'est ici une variante parodique).

L'auteur brûle ce que dans son enfance il avait adoré : à la dérision des miracles du Christ se mêle une touche de mélancolie semblable à celle de l'enfant regrettant l'époque où il croyait encore au Père Noël et au merveilleux.

Enfin, en une ultime provocation, Arrabal clame la haine de la mère en insistant sur l'odeur d'urine que dégagent les vêtements de celle-ci (voir *Architecte*, p. 189). Il dénonce la dégradation du corps asservi par un travail dément : Chester urine bleu, tant il a absorbé de médicaments pour se doper (voir *Jeunes Barbares*, p. 19). Dans un moment de délire il régresse au stade infantile, essayant d'amadouer une mère castratrice (« Maman, je n'ai pas de couches, est-ce que je peux faire pipi ? » (p. 40). « Je ne ferai plus pipi au lit, regarde comme je fais bien. » (*Id.*) Nous retrouvons ici la marque indélébile d'une éducation fortement répressive déjà évoquée plus haut. Pour se délivrer de la tyrannie parentale, une solution, la révolution qui « sera sexuelle ou ne sera point » (*La Grande Revue du* XXe *siècle*, p. 162), c'est pourquoi Arrabal s'écrie grotesquement : « C'est déjà parti, la révolution fait caca-pipi » (*Grande Revue*, p. 163).

Le monde d'ailleurs, devient de plus en plus infantile et dément : les hommes bientôt boiront leur urine et mangeront leurs excréments (*Le Ciel et la Merde*, p. 82). De ce monde à l'envers

212

n'aurions-nous pas déjà un avant-goût, puisque les cosmonautes, vivant en cycle fermé, se nourrissent de leurs déjections dûment recyclées (*Grande Revue*, p. 171).

Enfin notons le caractère insolite d'une image onirique, appartenant au monde nocturne des cauchemars, d'une vision goyesque : dans *Ars amandi*, une vieille femme assise sur des branches écarte les jambes et urine debout, « à la manière des vieilles Espagnoles » (p. 69).

L'urine, comme la salive, sert à dénoncer les tabous, l'asservissement, la mutilation du corps.

6. *Les excréments*

Nous avons déjà mentionné le fait que les personnages arrabaliens conservent du monde une vision infantile, comme s'ils ne se résignaient pas à devenir adultes : ce faisant, ils soulignent cruellement l'absurdité d'un monde rempli de conventions et couvert de charniers.

Ils se heurtent à la loi mais ils ne la comprennent pas, ils ne saisissent pas la règle du jeu. (« Eux essaient de s'adapter. C'est le monde extérieur, et non eux-mêmes, qui est insaisissable. Mes personnages sont en situation de rupture permanente dans un monde plein de nuances inexplicables. » *Raymond*[1], p. 98).

C'est pourquoi, bien qu'on ait prétendu le contraire, ils n'ont pas plus d'esthétique que d'éthique. Au : que faut-il faire, que ne faut-il pas faire, correspond un : qu'est-ce qui est beau, qu'est-ce qui est laid, qui n'obtient pas plus de réponse.

On se souvient que l'Architecte reproche à

l'Empereur de ne pas l'éclairer à ce sujet. Il ne faut donc pas sursauter si Fando envoie à Lis beaucoup de papier hygiénique pour lui donner l'illusion de recevoir de longues lettres (*Fando et Lis*, p. 54).

Les personnages d'Arrabal n'aperçoivent ni ne respectent les règles du bon goût. Nous avons vu Lira, dans *Guernica*, surprise par les bombardements pendant qu'elle urinait dans les waters. Arrabal, dans *Le Labyrinthe*, fait apparaître des latrines sur scène, avec une chasse d'eau. Bruno et Étienne sont enchaînés dans ce réduit exigu, sombre, qui leur sert de cachot. Ne serait-ce pas là une nouvelle version de la « Carcel baja... escura » de Fray Luis de Leon gémissant sur l'horreur de la condition humaine, l'humanité étant condamnée pour ses péchés à demeurer exilée de la patrie céleste ? [8].

Par dérision tragique, Bruno est obligé de se désaltérer en tirant la chaîne du réservoir d'eau. Voilà à quelles sources l'homme s'abreuve. Les latrines prennent le jour par une petite fenêtre grillagée d'où l'on peut comme par un judas (mot récurrent) surveiller les faits et gestes des prisonniers. Ces latrines vont même un instant se transformer en chambre nuptiale : Micaela y entraîne Bruno dans des jeux érotiques assez scabreux, d'autant plus que l'homme est à demi agonisant. Le père castrateur, Justin, contemple la scène avec complaisance, ajoutant au voyeurisme une note incestueuse. Pour échapper au sort injuste et cruel qu'il subit, Bruno se pend à la chaîne des cabinets et par une dérision suprême l'eau coule (qui n'étanchera plus sa soif), rappelant l'éjaculation post mortem des

214

pendus. Lorsque Etienne est soumis par le juge à un interrogatoire serré il affirmera avec véhémence qu'il n'était pas enchaîné à Bruno dans les latrines, reniant ainsi pour se sauver son compagnon de misère. N'y aurait-il pas là un discret rappel du reniement de Pierre ?

Nous ne saurions trop souligner l'importance du modèle christique dans l'imagination arrabalienne, et nous en fournirons d'autres exemples. Les latrines-prison-chambre d'amour nous offrent donc une sorte de vision infernale de la condition humaine.

Rappelons que le phantasme infernal de l'anus-prison reçoit une nouvelle illustration dans *Le Ciel et la Merde* : Judas détenu prend une revanche compensatoire et sadique sur de malheureux insectes, les condamnant au même sort que lui (il les enfonce dans son anus-cachot).

Dans *Le Jardin des délices*, p. 26, Laïs souhaite voir ses ennemis mijoter dans un chaudron d'excréments. Si les latrines deviennent chambre nuptiale ne s'agit-il pas d'une association par contiguïté ? On sait combien les Pères de l'Eglise et saint Augustin en particulier ainsi que tous les prédicateurs médiévaux ont insisté sur la bassesse de notre condition, les organes génitaux étant fort proches de l'anus, d'où les idées de cloaque et de fange entachant l'évocation de la copulation et de la naissance (nous sommes « fils de la pourriture » affirme Gracian toujours dans la lignée des Pères de l'Eglise, des « sacs de puanteur »).

Arrabal ne serait alors qu'un ultime surgeon de cette branche et s'inscrirait fort bien dans la tradition espagnole. Relevons un second phantasme infantile : l'illusion de la naissance ou de la création par l'anus. Ainsi l'Empereur, dans sa solitude, suggère-t-il que l'île où il se trouve a été « chiée » par Dieu, dans l'océan, et par méprise (*Architecte*, p. 80). Il avoue qu'il aime regarder son compagnon satisfaire ses besoins naturels et manifeste pour les selles à la fois un intérêt infantile et un empressement digne de celui d'une mère veillant avec tendresse sur la santé de son enfant (*Architecte*, p. 111).

Il confesse avec honte et nostalgie que lui-même est toujours constipé et conclut le passage d'une manière assez surprenante par cette constatation : « nous appartenons à deux mondes différents ». Ainsi l'Empereur apparaît-il comme un anxieux, un angoissé élevé par une mère castratrice (voir la constipation, résistance bien connue à la mère), et à travers des besoins de nature triviale transparaissent deux modes de civilisation (*id.*). Lorsque, resté seul dans l'île, pour dérider l'épouvantail qu'il a revêtu de ses propres vêtements, il s'installe sur un pot de chambre, il y a volonté masochiste de se rendre grotesque, infantilisation et régression (il redevient le petit garçon désireux de faire plaisir à sa mère), ce qui va préparer peu à peu le terrain au retour du refoulé et à l'aveu : il a tué sa mère (drame œdipien) (p. 123). Il y a aussi de la part d'Arrabal volonté d'obtenir un effet pathétique à partir du banal et du sordide. L'Empereur douloureusement blessé par la mort de Dieu écrit, solitaire, des blasphèmes avec ses matières fécales, toujours comme un enfant délaissé par sa mère pourrait tenter de se venger d'elle (p. 175).

Solitaire, produit d'un monde profondément aliéné, il rêve de promotion scatologique : il s'imagine, nouveau Louis XIV accordant une audience militaire du haut de sa chaise percée (p. 96) ou heureux possesseur de la clef des cabinets directoriaux de son entreprise (p. 120). Nul n'ignore que cette coutume est familière aux USA, monde des « businessmen ». L'effet comique suppose donc une dénonciation, sur le mode satirique, de l'aliénation du monde capitaliste et de notre civilisation. Cette civilisation judéo-chrétienne, nous l'avons vu, fait honte aux hommes de leurs corps en niant ses besoins élémentaires : cette répression sociale est puissamment véhiculée par l'Eglise. Laïs a honte de se voir déféquer, elle se sent souillée (voir confession à Frankenstein, *Le Jardin*, p. 60), se préparant ainsi à la névrose. C'est pour la désinhiber que Téloc lui propose d'accompagner l'*Ave Maria* de Schubert en pétant (p. 35) ; il serait injuste de ne voir là qu'un nouveau blasphème. Téloc donne à Laïs une preuve de tendresse et la libère de ses phantasmes névrotiques en lui montrant que le corps ne doit pas être un objet de répulsion. C'est sans doute ainsi qu'il faut entendre le « C'est merveilleux » de Laïs découvrant cette musique insolite. (Morin parle de Jones qui situe l'origine de l'âme dans le pet[9]). On y verra sans doute une revendication agressive et exaspérée du corps qui peut aller jusqu'à un renversement complet des valeurs traditionnelles : dans *Bestialité érotique* (p. 134) le comble du mauvais goût devient compliment flatteur. De même dans *Les Menottes* (p. 72) le Penseur de Rodin se voit-il rudement démythifié lorsqu'il se retrouve assis sur une cuvette de waters. Le mythe de l'intellectuel s'écroule dans la dérision. Cette dénonciation caricaturale des mythes et des institutions de notre société se retrouve très grossie dans *Bella Ciao* : si l'intellectuel est en réalité assis sur des waters d'où il puise sans doute son inspiration, l'écrivain servile torche le derrière du Capital (voir également l'équipe des caca-pipi-talistes) et l'éditeur fait un livre avec le papier souillé (p. 28). L'Ecrivain, pour obtenir un siège à l'Académie, se déclare prêt à nager dans les excréments (p. 29). De toute manière la culture demeure réservée à l'élite « pour le peuple la m... est assez bonne » (*id.*). Sur le même ton outrancier Arrabal dénonce la publicité pour le Coca-Cola (p. 34) et raille les cosmonautes qui, débarquant sur la lune, s'aperçoivent qu'elle n'était pas déserte : « Ils découvrent, *my god*, une crotte de bouledogue » (*Grande Revue*, p. 172). Avouons que ces dernières allusions relèvent de la grosse farce, analogue aux scènes de clystères dans Molière, et révèlent peut-être chez l'auteur un certain manque de conviction (*Bella Ciao* a été réalisée en collaboration avec des acteurs et a subi de ce fait de nombreux remaniements. On sent que l'auteur n'a pas eu les coudées franches et qu'il se force souvent, d'où la faiblesse de certains passages dans la brutalité de l'expression).

Arrabal, nous l'avons déjà mentionné, redonne vie à des images populaires et triviales : Cracher le morceau, en baver. Les Espagnols emploient souvent le juron : « me cago en... » et l'auteur prend l'expression au pied de la lettre lorsqu'il nous montre, marque de vengeance, de dépit, volonté d'avilissement, le bourreau déféquant sur sa victime : Zénon, l'homme-singe, manifeste sa jalousie et tente d'attirer l'attention de Laïs de cette manière (*Jardin des délices*, p. 75). Imis (*Menottes aux fleurs*, p. 49) assouvit, triomphante, ses besoins sur son mari Katar, le prisonnier, dont la tête a été préalablement couronnée d'un siège de waters, rappel probable de la couronne d'épines. Il s'agit là du « sacrement de mépris ».

Katar est ici une nouvelle incarnation du Christ, subissant une autre Passion plus ignomineuse que la première. Nous retrouvons encore une fois la Passion et le modèle christique : toute victime est le Christ suggère Arrabal. Au lieu de sel et de vinaigre pour guérir les plaies du supplicié l'épouse sadique propose ses matières comme un « baume ». Cette vengeance et cette Passion sont aussi une parodie de l'acte sexuel dans lequel les rôles traditionnels de l'homme et de la femme seraient inversés, la femme chevauchant l'homme et lui offrant ses matières fécales au lieu de sperme (Daetwyler [10]).

Comme pour la sueur, nous voyons s'opérer le glissement entre Passion et copulation sadique, Eros et Agapé s'interpénétrant dans l'inconscient de l'auteur.

Notons également que Katar (le Christ) joue ici le rôle du père d'Arrabal trahi par son épouse, et qu'à travers l'image du Fils, se réa-lise l'identification au père. Lis, l'étrange initiatrice d'*Ars amandi* oblige Fridigan à se rouler avec elle dans les excréments, illustrant ainsi la toute-puissance de la femme-sorcière, celle qui envoûte l'homme, a barre sur lui (nous connaissons au passage un nouveau visage de la mère terrible). Mais cette plongée dans les excréments correspond chez Arrabal à une descente aux Enfers suivie de la remontée vers la lumière et de l'extase qui vous saisit à l'approche du *Jardin des délices*. L'amour est un Janus-bifronts, mi-diurne, mi-nocturne, la femme jouant le rôle d'un passeur aidant l'homme à franchir la frontière. Arrabal, en se servant des excréments, montre encore à quelle humiliation est soumis l'homme lorsqu'une société fortement répressive exerce sur lui sa tyrannie : dans *Les Menottes* les prisonniers sont contraints de faire leurs besoins en commun et dans un unique récipient (p. 29). Cette défécation imposée par l'autorité est le contraire de la défécation-communion que l'on retrouve dans la même pièce, lorsque les prisonniers décident eux-mêmes de se soulager ensemble, fraternellement (p. 43). Notons également que cette brusque décision entraîne une rupture de ton fréquente dans la dramaturgie d'Arrabal où l'on passe sans transition du sublime au grotesque, du ciel à la merde, ou bien l'on élude des questions embarrassantes (voir *Architecte*, p. 111. L'Empereur se refusant à donner une définition du bonheur change brusquement de sujet de conversation).

Parfois, les prisonniers exaspérés par leurs bourreaux se laissent aller à une défécation sacrilège (*Menottes*, p. 36) : tentés par le blasphème ils sont aussitôt atrocement châtiés. Traqués, asservis, esseulés, ils sont aussi acculés à l'homosexualité (voir les deux hommes surpris en train de se sodomiser dans les waters, *Menottes*, p. 66).

Il est toutefois une valorisation positive des

excréments dans le théâtre d'Arrabal : *Dans une tortue nommée Dostoïevski*, l'animal rejette des boules d'or : il y a sublimation. Inutile de rappeler combien est fréquente pour l'imaginaire l'assimilation des fèces à l'or, notamment dans les pratiques alchimistes où les opérations dans la cornue rappellent le processus digestif du corps humain. C'est ainsi que « les initiés Bambaras de la classe des Koré Dugaw (société Koré) ou Vaudous, qui se livrent publiquement à la coprophagie, sont dits les possesseurs de l'or véritable, les hommes les plus riches du monde » (voir *Dictionnaire des Symboles*, p. 565).

Dans le triptyque du *Jardin des délices* on peut apercevoir un démon en train de déféquer des pièces d'or. Comme la tortue est dans la pièce d'Arrabal un animal mythique bénéfique jouant le rôle de la baleine avalant Jonas (mythe de la seconde naissance), ses matières se trouvent ici sublimées. Enfin, en deux occasions où intervient la coprophagie, les matières, comme en un rituel archaïque, nous venons de le voir à propos des Bambaras, sont sacralisées et considérées comme porteuses d'énergie vitale. Dans *les Menottes* (p. 44) Amiel avoue manger des morceaux de ses excréments : « Ma bouche s'emplit de terre, de vie, d'infini. Je me sens naître et mourir. Je suis insecte d'or et ange de boue. » Dans *Le Ciel et la Merde*, autre titre éloquent (p. 58), Cleaver raconte qu'un de ses compagnons de misère l'obligea à lécher ses doigts couverts d'excréments. Et cet épisode fait ressurgir un souvenir d'enfance (inspiré de la vie de Dostoïevski, un paysan pour calmer l'enfant effrayé introduit ses gros doigts tachés « de boue et de fange » dans la bouche de celui-ci en faisant le signe de la croix. Et Cleaver commente que la tendresse du paysan lui « rappelle aussi qu'on tendit au Christ en croix une éponge imbibée de fiel pour qu'il se désaltérât » (p. 58). Nous constatons donc, d'une part que les excréments sont assimilés à la terre nourricière, à la vie et à ses mystères, au cosmos, et qu'ils apparaissent comme ambivalents (insecte d'or versus ange de boue). Cette conception n'a rien de singulier. Voici ce que nous révèle le dictionnaire des symboles (p. 342) : « Considérés comme réceptacle de force, les excréments symbolisent une puissance biologique sacrée... Des significations de l'or et de l'excrément se rejoignent en maintes traditions. Certains radiesthésistes prétendent même que leurs vibrations sont équivalentes. »

D'autre part, dans *Le Ciel et la Merde* apparaît, comme une obsession le lien imaginaire terre-excréments et l'équation terre = excréments = éponge imbibée du fiel de la Passion. Chassons le modèle christique, il revient au galop.

7. *Le sang*

Dans le théâtre d'Arrabal, comme dans le théâtre élisabéthain, ne manquent ni le bruit ni la fureur ; on y assiste presque toujours à un meurtre (dès *Le Tricycle*) qu'il soit individuel ou collectif (c'est le cas de la guerre), qu'il s'agisse d'un rituel ou d'une exécution.

Le sang coule à flots dans le nombreuses pièces mais nous nous attarderons surtout aux passages de l'œuvre où il est explicitement mentionné.

222

On comprend aisément que la guerre civile et ses conséquences, tourbillon dans lequel Arrabal a été emporté, aient pu fortement l'impressionner, à un âge où la sensibilité, surtout au moment où il a appris les premiers mots du catéchisme, a frappé durablement sa jeune imagination par l'aspect solennel, sanglant et funèbre de ses rites et de ses cérémonies. Mais si le sang est versé par malveillance, ou au cours d'un sacrifice, les grands événements biologiques impliquent aussi une perte de sang.

Arrabal, dans sa volonté d'oser dire, tente délibérément d'enfreindre les tabous d'ordre sexuel, et il ne se prive pas de faire de nombreuses allusions au sang menstruel. La femme, dans l'imagination de l'auteur, apparaît comme un être fragile devant payer un lourd tribut à la vie et humilié dans son corps.

En effet, l'Eglise veille à faire honte à la femme de ses fonctions biologiques et elle la maintient soigneusement dans la soumission et dans l'ignorance : Laïs avoue comme une faute à la statue de Frankenstein à laquelle elle se confie qu'elle a ses règles une fois par mois (*Jardin*, p. 60). Elle se souvient du jour, où devenue pubère, elle a connu pour la première fois la peur intense de mourir en sentant le sang couler abondamment entre ses jambes : les nonnes lui avaient caché la vérité (p. 109). (Insistons sur le fait que l'auteur s'est contenté en ce cas précis de rapporter un épisode réellement vécu.) La femme est donc doublement meurtrie dans sa chair, c'est pourquoi l'homme qui l'aime s'enquiert de ses réalités intimes : Fando regrette de faire pleurer Lis qui a peut-être ses règles *F et L,* p. 50). Viloro pense acheter à Tasla du chocolat blanc parce qu'elle a le foie fragile, et du coton pour étancher le sang menstruel (*Bicyclette,* p. 169), comme si la femme était sujette à une sorte de maladie, de malaise, et qu'il convînt de la dorloter. Dila regrette de ne pas avoir dénoncé Emanou, avec la récompense de sa trahison elle aurait pu s'acheter des serviettes hygiéniques (*Cimetière,* p. 142). En ce cas, bien sûr, l'allusion prend apparemment un caractère blasphématoire, mais nous allons comprendre qu'au fond rien n'est moins sûr : nous retrouvons, à propos du sang, la superposition dans l'inconscient de l'auteur d'Eros et d'Agapé : il semble qu'en cette zone obscure de l'être s'opère une confusion entre sang menstruel, sang résultant de la défloration et sang versé par le Christ lors de son martyre. Il y a perpétuel va-et-vient entre Passion christique et célébration des noces. Pour cette raison, à notre avis, il ne faut pas s'arrêter à une interprétation exclusive de la *Communion solennelle* : on sait que dans cette courte pièce une communiante tue un nécrophile couché dans un cercueil et que le sang gicle sur la robe immaculée. Les commentateurs[11] ont tendance à ne voir dans ce geste qu'une parodie nuptiale, la fillette devenant femme par meurtre symbolique. Nous pensons, quant à nous, que dans l'imaginaire et le rêve (il s'agit très probablement, vu le caractère nocturne de la cérémonie d'un cauchemar) les personnages et les événements ont tendance à se superposer et à se condenser. Pour cette raison nous croyons que les taches de sang sur la robe de la fillette évoquent à la fois la puberté et la défloration, et symbolisent un retour du refoulé (la revanche du biologique sur la répression d'origine religieuse). La défloration est également dépeinte avec une certaine brutalité : apparaît alors la peur de voir la partenaire sexuelle se vider entièrement de son sang. C'est bien cet accident qui apparemment est cause de la mort d'Arlys-Sylda au début du *Lai de Barrabas* (p. 41 et 51). En fait elle a reçu un coup de poignard au niveau du ventre (p. 155, l'auteur précise lui-même « un couteau de forme phallique »), en une sorte de sacrifice rituel archaïque.

Lors de la cérémonie, les acolytes avaient déposé à ses pieds un agneau égorgé, bien évidemment frère de l'agneau pascal. De même Zénon, l'homme-singe, jaloux des brebis de Laïs, égorge ces malheureuses bêtes, préfigurant ainsi le meurtre rituel de l'être innocent sacrifié, Miharca, laquelle périt, presque comme Arlys-Sylda, sectionnée en deux à la hauteur du ventre (*Jardin*, p. 116). Lys, dans *Ars amandi* est également sacrifiée en une parodie de meurtre (destinée à « galvaniser » Fridigan), au cours de laquelle elle est dépecée par Bana et Ang (répliques de Kardo et Malderic du *Lai de Barrabas*) et ses membres sont jetés à des crocodiles avides de dévorer de la chair humaine (p. 63).

Il convient ici d'ouvrir une parenthèse : le meurtre de Lys semble calqué sur le mythe de Penthée démembré et déchiré par les Bacchantes [12]. Le meurtre rituel archaïque et la Passion du Christ-agneau de Dieu dont le sang doit racheter les péchés du monde (voir l'exécution d'Emanou et de Tosan, d'Ybar) et ouvrir la

225

voie à une nouvelle vie obéit à un schéma qui peut s'appliquer à la plupart des œuvres d'Arrabal : plongée dans l'horreur, meurtre sacrificiel, en un mot Descente aux Enfers puis remontée vers la lumière et ascension au Jardin des délices. Ce schéma eschatologique, dont l'auteur a partiellement conscience [13] correspond en fait assez bien à ce que Jung nomme « processus d'individuation au cours d'une psychanalyse ». Pour récupérer les forces vitales bloquées dans son inconscient le malade doit traverser une phase de régression pénible et douloureuse puis, ayant dénoué le complexe qui l'affecte, il guérit de sa névrose, si la cure psychanalytique a été menée à bien. En fait il ressort de l'analyse qu'il s'agit d'une liquidation du complexe d'Œdipe. Ce serait là l'origine d'innombrables mythes dépeignant le héros obligé de surmonter un certain nombre d'épreuves et notamment d'affronter des monstres souterrains avant de reparaître au jour victorieux. De même le Christ supplicié, mis à mort, descend-il aux Enfers et ressuscite-t-il au bout du troisième jour [14].

Arrabal invite donc les spectateurs à une sorte de cure psychanalytique, cathartique, à travers un rituel de meurtre dont la victime est parfois un homme (modèle christique), mais le plus souvent une femme tenant le rôle de Rédempteur : c'est elle qui, en se sacrifiant volontairement, avec un certain masochisme, permet à l'homme d'accéder non à l'immortalité, mais à la connaissance. Le caractère sexuel de cette initiation ravive le contenu latent d'un mythe dont le sacrifice du Christ ne serait qu'un ultime avatar. La femme, parce qu'elle souffre dans sa chair où

226

s'inscrivent les grands rythmes cosmiques, peut donc tenir le rôle d'initiatrice, de passeur entre deux mondes. Pour ce motif, dans ses réflexions et ses décisions, elle se montre souvent, dans le théâtre d'Arrabal, plus intuitive, plus mûre que l'homme.

Pour en revenir au phantasme selon lequel elle peut se vider de son sang lors de la défloration, rappelons que cette même crainte saisit Giafar à la vue de Kardo et Malderic se flagellant (*Lai*, p. 46). Ainsi pouvons-nous opérer le rapprochement : sévices — Passion — acte sexuel, et comprendre une nouvelle fois comment naît et se nourrit le sadomasochisme dont les personnages arrabaliens semblent faire preuve : pour une jeune imagination le sang biologique est celui qu'il voit perpétuellement versé dans des scènes religieuses d'un réalisme cru, où la victime subit la flagellation, finissent par se confondre, d'autant plus qu'il s'agit, dans le premier cas, d'un sang mystérieux pour un petit garçon, qui demeure secret, caché, tabou, dont on a honte, et, dans le second, d'un sang dont on vous rend coupable, dont on vous fait honte, puisqu'il a coulé pour chacun des hommes pris dans sa singularité. On peut penser que l'angoisse de culpabilité qui ronge l'enfant trop sensible à l'idée de sa participation à un déicide est ravivée par la vue de tout sang versé et par conséquent par celui de la défloration où l'homme dans l'imaginaire tient le rôle du bourreau. Nous expliquerions à la lumière de cette interprétation la mort de Lis : elle a crevé le tambour de Fando, attisant dans l'inconscient de ce dernier l'angoisse de culpabilité face à un simulacre de défloration.

C'est alors qu'il la frappe cruellement pour se libérer et la tue involontairement. Elle meurt en crachant du sang, scellant leurs noces funèbres. Il s'agit bien d'amours impossibles, sur le modèle de Pyrame et Thisbé, ou plutôt de Roméo et Juliette, modèle avoué de l'auteur. Si l'on se rapporte à la biographie d'Arrabal, un autre élément peut intervenir pour expliquer la mort de Lis : mourir en crachant du sang peut traduire tout simplement la hantise de mourir de tuberculose, maladie dont on sait que l'auteur a été atteint, et qu'il se trouvait précisément au sanatorium de Bouffémont lorsqu'il écrivit cette pièce. Il n'y a pas lieu de s'étonner qu'un auteur s'identifie en tout ou partie à chacun de ses personnages lorsqu'on se souvient du célèbre aveu de Flaubert : « Madame Bovary, c'est moi. »

Lorsque l'Empereur d'Assyrie est sur le point de révéler son crime, c'est-à-dire le meurtre de sa mère, il souhaite qu'un « escadron d'abeilles géantes pompe le sang de (ses) veines » (*Architecte*, p. 180) ; on trouve en filigrane la hantise de rester exsangue et en même temps pointe le désir de se voir appliquer la loi du talion : il a versé le sang de sa mère, il doit être vidé lui-même de son sang. (Ce phantasme comporte une idée de vampirisme liée à la mère et symbolise par conséquent un coït incestueux où la mère phallique assouvirait ses désirs sur son fils.)

Le personnage arrabalien sera donc tout naturellement porté vers le sadomasochisme, comme pourrait l'être un enfant tout imprégné d'une atmosphère morbide où les plaies du Christ, complaisamment étalées, ne peuvent qu'exacerber un sentiment de culpabilité latent, lié aux phantasmes incestueux : le désir de la mère et la peur de la castration par le père. Le personnage arrabalien, en un acte de sadisme infantile, aime faire saigner sa compagne, la blessure symbolique équivalant à un substitut du coït rendu doublement interdit par la crainte religieuse du déicide et les phantasmes incestueux. Ainsi Jérôme, dans *Cérémonie pour un Noir assassiné* aimerait-il faire saigner Luce au cœur (p. 202) avec un couteau, et Zénon se plaît-il à écraser un peu le nez de Laïs. L'Empereur ne parviendra pas à avoir de maîtresse et il se contentera de dessiner un cœur percé d'une flèche avec son doigt taché de son propre sang (p. 124). Comme nous l'avons déjà vu, le meurtre rituel de la femme peut être aussi interprété comme un coït déguisé. Peut-être s'agit-il là de la vision qu'un enfant peut avoir de l'accouplement parental et de sa troublante ambiguïté : nul n'ignore depuis Freud qu'il interprète le coït comme une agression, le père étant vu tenant le rôle du bourreau, la mère celui de la victime. A l'appui de cette hypothèse nous invoquerions la cérémonie sacrificielle de Sylda-Arlys, accompagnée d'un « bruit très amplifié de la respiration d'une femme qui jouit (ou qui souffre ?) » (*Lai*, p. 135). Le rôle sadique est parfois dévolu à une femme ou à une fillette : c'est le cas dans *La Communion solennelle, Cérémonie pour une chèvre sur un nuage*. Dans... *Et ils passèrent des menottes aux fleurs* Imis blesse son mari dans le dos, intervertissant les rôles traditionnels de l'homme et de la femme et elle craint de tacher

229

ses jupes du sang de ses noces morbides (p. 53). Le drap sanglant, dans cette même pièce, symbolise sans nul doute le sacrifice de l'innocent mais peut-être peut-on y voir en surimpression le drap nuptial que certaines coutumes obligeaient le couple royal à exhiber le lendemain de son mariage. Ce drap reparaît dans *Tous les parfums d'Arabie* (p. 191). On rencontre aussi parfois une variante masochiste du coït déguisé : Laïs propose de s'ouvrir les veines pour que Téloc puisse y tremper une plume (p. 91, *Jardin*). Enfin le drame œdipien est clairement traité dans *Le Grand Cérémonial* où Cavanosa tente en vain de tuer sa mère (variante du coït impossible) et dans *L'Architecte et l'Empereur d'Assyrie* où celui-ci s'avoue matricide. La mère du *Grand Cérémonial*, tyrannique et castratrice, embrasse son fils sur la bouche et le mord aux lèvres (p. 77) : le vampirisme que nous avions signalé plus haut à propos de *l'Empereur d'Assyrie* était déjà présent dans *Le Grand Cérémonial* : en ce cas Cavanosa ne parviendra pas à tuer sa mère, dans le second le crime semble consommé. Le désir incestueux de la mère, très puissant, est toujours accompagné d'une peur non moins intense de la castration. Ce phantasme émaille de nombreuses pièces d'Arrabal : dans *Le Lai de Barrabas* Sylda s'empare d'une bonbonne-boîte à ordures remplie de mains coupées et la transforme en un innocent aquarium où nagent quelques poissons rouges : on se souvient qu'Arlys femme-sorcière aux allures inquiétantes est un avatar de la mère terrible. Elle a probablement crevé les yeux de Kardo et de Malderic (*Lai*, p. 121). Le phantasme des yeux crevés reparaît

dans *Et ils passèrent des menottes aux fleurs* :
un gardien sadique apercevant fréquemment
l'œil d'un prisonnier collé au judas (le mot est
éloquent) enfonce dans l'orbite du détenu la
pointe d'un couteau (p. 28). (Le motif de l'œil
crevé laisse également apparaître en filigrane
une image déguisée du coït.) Dans *Le Jardin
des délices* Miharca mime la circoncision sur
la personne de Laïs (p. 63), et dans une scène
d'hystérie elle arrache l'oreille de l'actrice (p. 124).
L'Empereur souhaite être dévoré par mille plantes
carnivores (p. 180) : il s'agit ici probablement du
phantasme non moins connu du vagin denté de
la femme (ici, de la mère terrible). Dans *Et ils
passèrent des menottes aux fleurs* les prisonniers exaspérés se vengent cruellement sur un
prêtre en l'émasculant (sadisme de rétorsion,
p. 38). Ana et Bang scient en deux un éléphant
phallique (*Ars amandi*, p. 54) par ordre de Lys
« vipère assoiffée de sang », sœur d'Arlys-Sylda
la femme sorcière (*idem* p. 50). Dans cette même
pièce un homme traverse la scène muni d'une
valise dans laquelle on aperçoit des jambes et
des bras sanglants. On retrouve le phantasme du
vagin denté dans *Ars amandi* : des crocodiles
dévorent sur scène les membres dépecés de Lys
(p. 53). Enfin le martyre de sainte Agathe rendu
célèbre par un tableau de Zurbaran et le phantasme des seins coupés sont présents dans *Ars
amandi* (p. 63) et *Sous les pavés la plage*
(p. 167) où l'on force un jeune homme à les
manger. L'iconographie religieuse et les pratiques
d'un catholicisme grand-guignolesque et macabre
contribuent à hanter l'imagination du jeune

231

Arrabal comme nous l'avons dit : la pratique du cilice en est un exemple.

Dans *Le Jardin des délices* (p. 50) *Laïs* sent les piquants du cilice incrustés dans sa chair et elle ressent alors « une douleur et un plaisir infinis » (il s'agit d'un souvenir autobiographique : préface du *Théâtre 3*, p. 20). Dans *Et ils passèrent des menottes aux fleurs* un couple s'unit dans les airs mais la couronne qui ceint leurs fronts glisse et les blesse (p. 72). Le comble du plaisir, l'orgasme suprême, serait donc lié à la mort ; c'est pourquoi Syl, rescapée du *Grand Cérémonial* de la mort, ne peut plus envisager séparément le plaisir et la douleur, l'amour et la mort (p. 122).

Le plaisir jugé coupable ne peut être racheté que par la souffrance : le frère de l'Empereur s'entaille la main et asperge son sexe de son sang en chantant un cantique (p. 158).

Mais la Passion et son cortège de supplices et toutes les tortures du martyrologe chrétien ne sont que l'emblème de la cruauté, de la barbarie venue du fond des âges et qui étend son ombre sur notre époque : Tosan, Ybar, les prisonniers (*Menottes*), (*Fillettes*) ne cessent comme le Christ de donner leur sang pour une humanité meilleure, mais la répression policière s'exerce aussi impitoyablement de nos jours qu'aux temps de Rome. « Je vois du sang, des bêtes, des cerveaux triturés, de la chair humaine brûlée, s'écrie un personnage dans *Le Ciel et la Merde* (p. 31) et les bourreaux des grands hommes et de leurs frères anonymes égrènent le chapelet hallucinant de leurs forfaits au cours des âges (p. 93) et pourraient entonner ce refrain (*Grande Revue*, p. 177) :

232

« Tuons, tuons, tuons, nous trouverons une justification. »

La répression s'abat avec la même férocité sur les révoltés que sur les travailleurs exploités ; dans *Jeunes Barbares d'aujourd'hui* les grégarios mordent la douleur jusqu'à « la moelle du sang », ils tombent de leurs bicyclettes comme le Christ portant sa croix, se relèvent aveugles et couverts de sang, (p. 30 et 40). Les bourreaux, pour étaler leur bonne conscience se lavent hypocritement les mains avec du sang, tels le général, le confesseur, le banquier (*Menottes, Tous les parfums d'Arabie*), répétant avec un peu plus de cynisme le geste de Ponce Pilate. Car le monde est fou, et démente la logique qui le régit : la loi demeure rigoureuse mais impénétrable, comme celle des gens du Château, ou celle qui inspire les juges du Procès. Aussi ne faut-il pas s'étonner que les victimes, exhibant leurs plaies, viennent accuser les bourreaux, mais lorsque le personnage arrabalien voudra confondre ces derniers, toute trace de sévices aura disparu : Micaela montre à Etienne son dos couvert de sang et désigne son père comme le coupable des tortures subies, Ang et Bana exigent de Fridigan qu'il touche leur taille ensanglantée ; Téloc se plaint des tourments et du cilice que lui inflige Miharca. Le personnage arrabalien palpe les plaies pour se convaincre, tel saint Thomas, et, une fois persuadé d'avoir touché du doigt la vérité, il n'aura de cesse de dénoncer les bourreaux et ceux-ci prouveront sans aucun mal leur innocence : toute trace sanglante aura disparu. Etait-ce un rêve ? Qui dit la vérité ? Le monde n'est-il qu'apparence mensongère ? Le personnage arrabalien se sent persécuté de toutes parts et se débat au milieu d'un univers hostile, fruit d'un esprit paranoïaque. L'auteur n'avoue-t-il pas : « Longtemps j'ai cru que tous étaient ligués contre moi... cette croyance s'est exacerbée pendant mon enfance qui s'est écoulée au sein d'une société régie par la tyrannie (*Raymond*, p. 97). Parfois, au moment où le personnage jure qu'on ne l'y reprendra plus, il se trouve que le supplice a été réellement subi : Kardo et Malderic obligent Giafar à constater que leurs orbites sont creuses et qu'ils sont réellement devenus aveugles. Tosan défenestré et blessé à la tête peut faire état de vraies plaies, car il s'agit de tortures policières, non d'illusions.

Une seule fois dans le théâtre d'Arrabal, le sang versé est évoqué sur le mode comique, mais d'un comique grinçant : madame Tépan (*pique-nique*) s'offre comme blessée de guerre aux brancardiers car elle s'est coupé le doigt en épluchant des oignons ; mais elle mourra bel et bien à la fin de la pièce, fauchée par des balles de mitrailleuse et elle sera emmenée sur la civière des infirmiers.

Cependant le sang des victimes innocentes porte l'espoir d'un lendemain meilleur : le sang est une liqueur vitale, véhicule de la vie selon la tradition judéo-chrétienne (*Dictionnaire des symboles*, p. 673) ; il est porteur d'énergie et comporte un aspect magique. Mita le rappelle : le sang porte chance (*Tricycle*, p. 104). Tout ce qui a une réelle importance doit compter « au moins autant que le sexe et le sang » (*Bella Ciao*, p. 26). Au ciel on découvre des souterrains de sang chaud (*Menottes*, p. 45) et lorsqu'une femme aime, elle dit à l'homme aimé qu'elle veut vivre « au rythme de (son) sang ardent » (*Menottes*, p. 55). Le sang entre dans la composition de recettes magiques, il sert notamment, selon Arrabal, à faire passer les idées lascives, si on le mélange à de la farine et à de l'oignon (*Le Ciel et la Merde*, p. 70).

Il a donc un pouvoir régénérateur, comme nous le constaterons plus loin, dans la cérémonie qui clôt l'exécution de Tosan (*Menottes*) ; dans *Le Ciel et la Merde* les personnages se livrent à une sorte de sabbat au cours duquel ils se baignent dans le sang des victimes (p. 91), probablement dans l'espoir que l'énergie du sacrifice, libérée par le sang, multipliera leur puissance sexuelle (cette scène semble inspirée par l'assassinat de l'actrice Sharon Tate en Californie (p. 115). Aussi bien les liens du sang sont-ils infrangibles : le duc de Gaza (*Sur le fil*), d'après Wichita, n'a pas le droit de renier son père indigne car il reste pour toujours le « sang de son sang » (p. 46). Enfin, l'extase, la révélation, la félicité suprême s'expriment à travers le frémissement du sang (*Une tortue nommée Dostoïevski*, p. 182). Si l'argent n'a pas d'odeur, le sang en a une, tenace comme le prouve *Tous les parfums d'Arabie* : Arrabal s'inspire du grand théâtre élisabéthain pour dénoncer les mains sales de ceux qui versent le sang fratricide, ceux dont les parfums d'Arabie ne pourront purifier les mains [16].

8. *Les larmes*

Les larmes, comme le sang, accompagnent les

phénomènes biologiques, les grands événements de notre vie et principalement la naissance. Dans *Le Lai de Barrabas* nous assistons à la venue au monde de Sylda évoquée par le cri aigu de la mère et les pleurs du nouveau-né (p. 90) ; l'Empereur s'imagine nonne pécheresse donnant le jour à un enfant avec l'aide d'un accoucheur : il gémit et pleure, imitant la voix d'une parturiente (p. 136).

Les pleurs sont un puissant moyen de chantage destiné à impressionner autrui et à infléchir sa volonté : les exemples abondent de ce type de pleurs dans le théâtre d'Arrabal : Françoise verse des larmes de crocodile en jouant les mères héroïques pour dresser ses deux fils l'un contre l'autre (*Deux bourreaux*, p. 28) et finalement rallier son cadet révolté ; si elle pleure à chaudes larmes, « désespérée » note l'auteur entre guillemets pour souligner le caractère fallacieux de ces lamentations (*Grand Cérémonial*, p. 54), la mère de Cavanosa, réplique du personnage Françoise de « Deux Bourreaux », larmoie sur son sort infortuné (*Grand Cérémonial*, p. 74). Laïs « au bord des larmes » gémit, ulcérée par l'inconduite de Zénon (*Jardin*, p. 55) et se plaint de sa malheureuse condition en des termes proches de ceux de Françoise. Kardo menace de pleurer, comme un enfant capricieux, pour voir un spectacle qu'on lui interdit (*Lai*, p. 83) et Fando, tel un gamin susceptible, pleurniche parce qu'il a perdu au jeu des trois hommes au parapluie (*F et L*, p. 67). Sylda pleure également mais pour séduire Giafar, cette fois (*Lai*, pp. 37 et 38). Cependant les larmes ne peuvent pas toujours couler à volonté, d'où la nécessité de faire des efforts pour pleurer

236

dans les grandes occasions : Fando essaiera de le faire, il le promet, quand Lis mourra (*F et L*, p. 48) ; et Luce se demande avec anxiété si elle est mauvaise parce qu'elle n'a pas pu pleurer à la mort de son père (*Noir assassiné*, p. 171). Arrabal souligne l'hypocrisie des règles sociales et des convenances qui exigent des pleurs de commande : on se doit de sangloter aux enterrements, surtout si l'on est une femme et si l'on se trouve en public (*idem* p. 170) ; mais, en revanche, un homme, s'il souhaite passer pour viril, est tenu de cacher ses émotions (voir *L'Architecte*, p. 99) : « Très digne, l'Empereur cesse de sangloter ; *Sur le fil*, p. 8 : « Comment peux-tu imaginer qu'un homme comme moi puisse pleurer ? »

Il sied de verser quelques pleurs pour avoir l'air de se repentir devant ses juges ; face au prétoire, il convient de respecter les règles du jeu social (*L'Architecte*, p. 159), malheur à qui les enfreindrait ! Les larmes révèlent donc l'hypocrisie de certains personnages et de la société, et l'infantilisme de quelques « héros » arrabaliens. En ce cas les pleurs se teintent de comique : Il n'est pas indifférent de pleurer abondamment ou « deux gouttes » (*F et L*, p. 68) ; Luce n'a pu pleurer qu'une seule fois (*Noir assassiné*, p. 171). Cette notion de quantité dans l'expression des émotions rappelle sans doute ironiquement le « combien de fois mon enfant ? » des confesseurs lorsqu'ils tentent d'évaluer l'étendue de la culpabilité d'un pécheur.

Les pleurs émeuvent ; aussi, bien des personnages d'Arrabal manifestent-ils leur tendresse en essayant de consoler leur partenaire, comme

Fando le fait avec Lis (*F et L*, p. 83 : « Ne pleure pas, Lis, je t'aime »), et l'auteur ne peut-il s'empêcher de s'inventer un modèle évangélique ; dans *Oraison* il imagine saint Joseph consolant la Vierge éplorée la nuit de Noël (p. 21). L'enfant qui n'a pas réussi à devenir un adulte averti pleure en se souvenant de son enfance heureuse protégée par la mère (« Lorsque j'étais petit, c'était différent », *Architecte*, p. 124) ou par l'amitié d'une tendre compagne (Laïs et Miharca, *Jardin*, p. 111) ou par désir de retourner dans le giron de la femme (Fando pleure, appuyé sur le ventre de Lis, il s'agit de pleurs muets ; *F et L*, p. 91). Le souvenir de la mère est souvent lié à celui de la religion, dans ce qu'elle comporte de plus extérieur et de plus infantile. L'adulte plonge dans une solitude et une profonde déréliction, regrette les faux prestiges dont s'auréolait la religion de son enfance (par exemple, les Vierges pleurant des larmes de sang, les calices montant vers le ciel chargés de chaînes d'or ; *Architecte*, p. 138). L'Empereur pleure et blasphème en chantant le *Dies irae* (*id.*, p. 158). Dans sa détresse Cavanosa pleure en appelant sa mère et en tuant ses poupées qu'il aime trop (*Grand Cérémonial*, p. 63) ; il gémit contre un mur accablé de solitude (*id.*, p. 86). Celle-ci, lorsqu'elle atteint son paroxysme, se traduit par l'impossibilité de pleurer, dans l'intensité de son désespoir les yeux de l'homme restent secs. « Dans la prison-asile on ne pleure pas », (*Le Ciel et la Merde*, p. 51). De même, dans *Ars amandi*, Ang et Bana scient en deux un éléphant et le sang ne perle pas car l'animal est paralysé par la souffrance et la terreur.

Le personnage arrabalien qui se croit vainqueur des larmes peut aussi révéler la profondeur de son aliénation : L'Architecte se métamorphose en Empereur après l'avoir mangé et il s'écrie, croyant avoir atteint le comble de la félicité : « ... pas une larme pour d'autres. Serein. Tranquille. Heureux. Sans complications, sans sujétions » (p. 195).

Les pleurs expriment non seulement la solitude des personnages mais aussi la sévérité incompréhensible de la Loi dont nous avons déjà remarqué d'autres manifestations ; dans *Dieu est-il devenu fou ?* alors que les hommes et les femmes s'aiment et batifolent au-dehors, un coup de sifflet impérieux donné de ou par la maison interrompt ébats et jeux, les personnages se mettent à pleurer (p. 56). La Loi divine, les lois sociales demeurent énigmatiques : Laïs, victime de l'intransigeance des nonnes, pleure au cachot en jurant de se venger (*Jardin*, p. 25).

D'ailleurs, qui peut-on, qui doit-on croire si les larmes des victimes dénonçant les sévices des bourreaux ont un air si sincère alors que la preuve des tortures disparaît mystérieusement (dans *Ars amandi*, p. 52). Les pleurs traduisent donc tout naturellement l'humiliation des êtres sur lesquels s'exerce une implacable répression d'ordre divin ou social ; Tenniel pleure, asservi par Snarck, puis, comme Laïs, passe rapidement des larmes à la colère (*Jeunes Barbares*, p. 22). Dans le grand jeu du monde où bourreaux et victimes se partagent les rôles alternativement — le bourreau devient victime —, Milos se transforme en l'esclave de Dila après l'avoir rudoyée, et le Maître, dans *Le Ciel et la Merde*, est

traité comme un chien par son ancien souffre-
douleur Grouchenka (p. 55) — les larmes traduisent la relation sadomasochiste qui unit les
personnages d'Arrabal. Le mécanisme des rapports qui s'établissent entre maître et esclave
est bien démontré dans *Fando et Lis* : en san-
glotant le plus discrètement possible, Lis doit
remercier Fando qui la tourmente (p. 52). Ses
pleurs irritent celui-ci qui s'arroge alors le rôle
de victime (« il faut que je fasse tout pour toi
et tu pleures par-dessus le marché » ; *idem*). Plus
Lis tente d'apitoyer Fando, plus elle l'agace par
ses larmes (p. 53) jusqu'à ce qu'il s'essaie au
chantage : si elle continue à pleurer, il partira
(*idem*). Lis, par masochisme, tout en affirmant
qu'elle cessera de pleurer, suggère à Fando, bien
qu'elle s'en défende, de lui passer les menottes
(p. 85) ; on relève des scènes de ce genre dans
Cérémonie pour une chèvre sur un nuage,
(pp. 42 et 43), *La Jeunesse illustrée* (pp. 50, 52, 59)
et dans *Le Ciel et la Merde* (p. 31) où le sadomasochisme tend à devenir un jeu. La nature
équivoque des larmes, où plaisir et douleur se
mêlent, y est mise en lumière (p. 91). Le maître
se complaît à voir pleurer les esclaves : la volonté
de puissance de l'Empereur transparaît dans ses
rêves ; à son lever les femmes pleuraient d'émotion (*Architecte*, p. 112) « dans tous les bourgs
et les hameaux » (p. 143). On a constaté, à propos du sang, que l'innocent était souvent immolé
lors d'un sacrifice rituel dans le théâtre arrabalien : l'enfant, la femme ou l'homme sacrifié
sont des êtres fragiles ou en position d'infériorité
(des prisonniers). Cet immense holocauste des
faibles par les forts s'accompagne de pleurs :

ceux d'un enfant couvrent les gémissements d'Emanou supplicié (p. 174). Dans *Ars amandi* des pleurs d'enfant également s'élèvent à la suite d'un bombardement (p. 64) ; dans *Sous les pavés la plage* on entend pleurer une fillette au début de la pièce et à la fin (pp. 166, 168), après un bruit de bottes ; il s'agit donc de la plainte des innocents opprimés ; on pourrait qualifier ces larmes de « pleurs d'ambiance ». Dans *Et ils passèrent des menottes aux fleurs* la pièce débute dans l'obscurité traversée de « bruits de chaînes mêlés à des pleurs de femme » (p. 14), pleurs prémonitoires annonçant l'exécution finale de Tosan, nouveau Christ. L'auteur obtient un effet pathétique lorsque ces mêmes femmes courent dans la salle en pleurant et crient : « Ils l'ont condamné à mort » (p. 88). Ce sont elles encore qui gémissent lorsqu'on assoit Tosan sur la chaise du supplice pour être garrotté (p. 102). On peut alors penser qu'Arrabal s'inspire du motif des Saintes femmes suivant le Christ jusqu'au sommet du Golgotha et demeurant au pied de la croix pendant l'agonie de Jésus. Ce motif des Saintes femmes se confond avec celui des pleureuses antiques, et l'auteur obtient encore un effet pathétique et saisissant, très plastique, dans *Les Fillettes* (p. 181) quand Lia, en une « deploratio » quasi muette, s'enveloppe dans un drap et disparaît aux yeux du spectateur.

Les pleurs, en effet, expriment aussi, comme il est naturel, l'angoisse face à la décrépitude et à la mort ; Wichita pleure parce qu'il n'a plus l'agilité nécessaire pour marcher « sur le fil » (p. 19) ainsi que Lys lorsqu'elle évoque « la mort noire » (*Ars amandi*, p. 76).

Vincent et Jérôme ont étranglé le cul-de-jatte avec qui ils jouaient et Vincent confie : « Et nous avons vu la mort... la vieille nuit et son écorce de sanglots » (*Noirs assassiné*, p. 174).

Arrabal sait aussi utiliser les larmes pour marquer une subite rupture de ton : Sylda cesse soudain de pleurer et sort un jeu de cartes pour jouer la possession de l'âme de Giafar qu'elle a réussi à attendrir (*Lai*, p. 32) ; alors que l'Architecte, croyant l'Empereur mort, s'apprête à l'enterrer en pleurant à chaudes larmes, le couvercle se soulève et l'Empereur jaillit de son cercueil, l'invective à la bouche (*Architecte*, p. 104), brisant la tension créée par une première évocation de sa mort. Les larmes peuvent même, en certaines occasions, offrir un caractère franchement comique : tel est le cas dans *Les Amours impossibles* où l'impossibilité de l'amour se traduit par des pleurs grotesques et mélodramatiques de la princesse (p. 32). Notons également que les meurtres commis dans la pièce ne sont pas suivis d'effusion de sang. Dans *Bestialité érotique* l'effet comique est obtenu par le renversement des valeurs traditionnelles (Alima déclare : « Tout me semblait parfait... je passais mes journées à pleurer », p. 138).

Les larmes, enfin, apparaissent comme ambivalentes ; elles ne sont pas seulement l'expression de la souffrance et de la mort mais elles traduisent aussi l'émotion, celle qui saisit l'exilé à l'évocation de sa terre natale dont il se sent banni (*Sur le fil*, p. 9), ou l'émotion de l'amour partagé (Falidia : « ...te baigner tout entier dans mes larmes de joie », *Menottes*, p. 55). Enfin, les les pleurs dans *Jeunes Barbares d'aujourd'hui* servent à Arrabal à créer au début de la pièce une atmosphère d'envoûtement (p. 7) propice à l'évocation du merveilleux enfantin (les pleurs d'Alice au Pays des Merveilles) nageant sur ses larmes (p. 13) et de la magie du théâtre : d'après Dumpty, pleurer « ne serait pas du théâtre. Le théâtre ce serait de danser éternellement sur soi-même, de tourner comme un mage jusqu'à léviter et voler dans les airs » (p. 21). De même, après le suicide de Wichita, le duc de Gaza invite-t-il Tharsis à sécher ses larmes, la mort ne devant pas triompher de la vie (p. 57 « le mort est dans la tombe et le vivant fait la bombe »).

9. Combinaisons - Associations - Métamorphoses

La sueur, le sperme, la salive, l'urine, les excréments, le sang, les larmes peuvent être évoqués isolément ou apparaître en différentes associations ou combinaisons qu'il nous reste à relever maintenant.

1 — Evocation des besoins et fonctions naturels

L'urine et les excréments, ainsi que la nécessité de faire ses besoins naturels apparaissent dans *Une tortue nommée Dostoïevski* lorsque Liska s'enquiert des nouvelles conditions de vie de son mari dans la tortue radioactive (p. 163).

Laïs avoue sa honte de devoir déféquer une fois par jour et d'avoir ses règles tous les mois à Frankenstein promu au rôle de confesseur (*Jardin*, p. 60).

Il s'agit dans les deux cas — de la part de l'auteur — d'une volonté de se libérer des tabous et de revendiquer le corps et ses besoins.

243

2 — *Le sexe-passion*

De même, l'érotisme brimé se venge en frappant le personnage frustré de délire érotique : Tenniel rêve de copulations fantastiques au cours desquelles sa salive et son sperme coulent sur ses partenaires (*Jeunes Barbares,* p. 15).

3 — *Le sexe-Passion*

Dans *Les Menottes* (p. 72) un couple est évoqué évoluant dans les airs et s'unissant charnellement, mais les couronnes glissent de leurs fronts et les blessent : le sang accompagne le sperme, la copulation laisse apparaître en filigrane la Passion du Christ couronné d'épines.

Le sang et les larmes servent aussi à racheter les péchés : le frère de l'Empereur s'entaille la main et asperge son sexe de sang (*Architecte et Empereur,* p. 158).

4 — *Le sacré - la Passion - le Rachat*

Nous avons déjà mentionné l'apparition simultanée de la sueur et du sang (Emanou du *Cimetière des voitures,* Paso, de la *Bicyclette du condamné*) rappelant la passion de Jésus à travers de nouveaux avatars du Christ.

La sueur accompagne aussi les larmes : c'est l'épisode inspiré de sainte Véronique (Lia-Karim, *Les Fillettes,* p. 181 et Dila-Emanou, *Le Cimetière,* p. 180).

Les larmes de sang étaient autrefois versées par des statues de la Vierge (*Architecte et Empereur,* p. 138). Les larmes et le sang permettront la rédemption de l'humanité qui connaîtra une vie meilleure, à travers le sacrifice d'un prisonnier innocent (*Les Menottes*, p. 72).

5 — *Le Sacrifice rituel*

Le sang et les larmes sont associés dans *Sous les pavés la plage* (p. 164) lorsque le jeune homme doit manger des seins et des oreilles coupées (p. 167) et que s'élèvent des pleurs de fillettes qui, nous l'avons vu, expriment la plainte des innocents sacrifiés. Ce sont les larmes et le sang des martyrs qu'ils répandent, le modèle christique demeure sous-jacent à ces représentations : les innocents immolés répètent la Passion de Jésus dans l'espoir que leur sang sauvera le monde de la barbarie.

Toutefois, le sacrifice peut apparaître comme entièrement négatif, satanique, lorsque le sang des victimes sert aux bourreaux à célébrer une sorte de sabbat (*Le Ciel et la Merde*, p. 92) pour stimuler la jouissance sexuelle (alliance du sang et du sperme). (La sueur et les larmes de Bana, bourreau malgré lui et par conséquent victime, peuvent aussi être assimilées à la Passion (*Ars amandi*).

De même le meurtre de François d'Assise est accompagné de larmes (*Noir assassiné*, p. 209).

6 — *La profanation - le mépris - le sado-masochisme*

L'urine et le sperme sont évoqués ensemble dans *Concert dans un œuf* lorsque Filtos propose à Li une série de jeux profanateurs (pisser sur la flamme du soldat inconnu, se masturber etc., p. 202).

245

Pour se venger de Dumpty, Tenniel crache sur lui et invite Chester à uriner sur sa victime (*Jeunes Barbares*, pp. 39-40), marque de haine et de mépris.

Dans *Le Ciel et la Merde*, la pièce où les rapports entre les personnages sont les plus empreints de sadomasochiste, au sens strict du mot, nous rencontrons les associations suivantes :

La salive et les excréments (pp. 37-74)

La salive, les excréments, les larmes (p. 51)

La salive, le sang, les excréments, les larmes (p. 74)

La salive et l'urine (pp. 75-82)

Dans *Cérémonie pour une chèvre sur un nuage*, le sang est associé aux larmes au cours d'une flagellation (p. 42).

7 — *Transmutations - transsubstantations - métamorphoses*

Parfois, les sécrétions, dont nous avons déjà signalé l'équivalence magique dans l'imaginaire, peuvent se transmuer l'une dans l'autre.

a) *Le sang peut devenir du sperme* révélant une sacralisation du biologique : *dans Cérémonie pour une chèvre* F. parle d'une goutte de sang tombée de son cerveau... « et en tombant à terre la goutte s'est transformée en un liquide blanc et visqueux » (voir Jung, *Métamorphose de l'âme et ses symboles*, p. 289[17]. « La définition véridique du soma-éjaculation confirme cette idée. Le sens du soma donné à Agni est l'analogue de l'idée chrétienne du sang eucharistique conçu comme corps de Jésus. »

b) *L'urine peut se transformer en sang* : Tosan, nouveau Christ, meurt garrotté, son urine se transforme en sang rédempteur dont les femmes vont s'oindre avant d'annoncer l'espoir d'une aube nouvelle. Cette transsubstantation messianique rappelle à la fois le miracle eucharistique et le sacrement du baptême : le sang du martyr innocent purifie les hommes. Les sécrétions sont ici sacralisées (*Menottes*, fin).

c) *Les larmes peuvent être de sang* comme celles que versent les statues de la Vierge : ici nous sommes à la charnière (nostalgie des miracles et satire des superstitions — *Architecte*, p. 138) à mi-chemin entre la parodie et le ton élégiaque.

d) *L'urine de Jésus devient du chocolat chaud*, (parodie de miracle déjà signalée et parodie de transsubstantation-eucharistique *Menottes*, p. 70) : il y a là au contraire ironie et désacralisation.

e) *L'urine et les excréments peuvent servir de nourriture* une fois recyclés grâce à la technique, à la science astronautique et à la science-fiction (*Freud et la vie sexuelle*, p. 163. *Les Crimes et la lune*, p. 171, *Grande Revue*).

Il y a cette fois dénonciation et satire de la technocratie.

10. Conclusion

Arrabal se sert donc des sécrétions et excrétions du corps, dont l'apparition prend de plus en plus d'importance dans son théâtre, pour évoquer la condition humaine : les grands phénomènes biologiques (la naissance, la puberté, la défloration, les fonctions naturelles, la mort), les phantasmes présents à divers degrés dans

247

toute psyché, mais ici particulièrement forts, jusqu'à confiner à l'obsession : le sadomasochisme, l'inceste, enfin l'amour Janus-bifrons.

Mais les sécrétions et excrétions du corps lui permettent aussi de dépeindre la solitude, la déréliction, les souffrances de l'homme du XXe siècle, mal résigné à la mort de Dieu, les abus des forts et l'humiliation des faibles avec maintes allusions à la situation contemporaine : il dénonce l'hypocrisie sociale, les répressions politique et policière, religieuse, économique.

La sueur, le sang, les larmes lui permettent aussi des effets théâtraux qui brisent le rythme d'une pièce en facilitant de brusques ruptures de ton, le passage du pathétique au comique par exemple. Le corps est âprement revendiqué et même sacralisé. On assiste à une récupération de ce qu'avaient rejeté les valeurs éthiques et esthétiques traditionnelles, à une promotion du « bas », voir du sordide qui va parfois jusqu'à un renversement total des valeurs (en une brève et unique pièce parodique, il est vrai). Nous ne saurions nous en étonner puisque le théâtre d'Arrabal, baptisé « panique » par son auteur, se doit d'être un théâtre de la totalité (Pan = tout).

Nous dirions qu'à travers les sécrétions et excrétions du corps montrées ou évoquées s'exprime une quête subversive de la plénitude et du bonheur, une revendication agressive de la Vie, donc du biologique, sous ses formes les plus crues. Il ne faut rien mépriser [18], telle semble être la leçon d'Arrabal, ni le corps ni la laideur physique ou morale. De même que les excréments ont leur utilité, leur valeur, Judas, le « dernier des hommes », ne doit pas être renié par nous. A ce propos, nous n'avons cessé de souligner l'importance et l'ambiguïté du modèle christique, étrangement érotisé ; à la fois révéré et abhorré, il inspire tout le théâtre arrabalien. La quête du bonheur ne saurait aboutir sans une quête de la personnalité : le sang, les larmes, la sueur sont utilisés par Arrabal pour provoquer chez le spectateur une catharsis (comme l'entend Artaud, non selon la conception aristotélicienne [19]. On assiste sur scène à la mise en images du processus d'individuation longuement commenté par Jung.

Pour ce dernier, tout drame ne se réduit-il pas à la Passion, et la Passion au drame œdipien, conflit humain fondamental ? Nous pourrions, pour conclure, rappeler le rôle qu'Artaud attribua au théâtre : « ... et dans l'homme il fera entrer non seulement le recto mais aussi le verso de l'esprit, la réalité de l'imagination et des rêves y apparaîtra de plain-pied avec la vie [20] ». Il s'agira d'y retrouver la « cruauté cosmique [21] ».

D'après F. Tonelli [22], le dramaturge du théâtre de la cruauté « suit la même démarche que celle des rituels de l'homme archaïque. Il s'agit notamment de jouer l'ordre de la nature tel qu'il est imprimé dans la conscience ». N'est-ce point ce que tente de réaliser Arrabal, auteur d'un théâtre liturgique, défenseur du monde onirique, officiant de la « cérémonie de la confusion » ? Comme l'a dit Grétry : « c'est l'homme de la nuit qui a tout fait, celui du matin n'est qu'un scribe » [23].

NOTES

1. Les ouvrages d'Arrabal ou sur Arrabal que nous avons cités sont les suivants (le titre de l'ouvrage est accompagné de son abréviation, s'il y a lieu) :

Théâtre 1 : *Oraison - Les Deux Bourreaux* (Deux Bourreaux), *Fando et Lis* (F. et L.) - *Le Cimetière des voitures* (Cimetière). Collection 10/18. Christian Bourgois éditeur, 1966.

Théâtre 2 : *Le Labyrinthe - Le Tricycle* (Tricycle) - *Pique-nique en campagne* (Pique-nique) - *La Bicyclette du condamné* (Bicyclette). Collection 10/18. Christian Bourgois éditeur, 1968.

Théâtre 3 : *Le Grand Cérémonial* (Grand Cérémonial) - *Cérémonie pour un Noir assassiné* (Noir assassiné). Christian Bourgois éditeur, 1969.

Théâtre 4 : *Le Lai de Barrabas* (Lai). Christian Bourgois éditeur, 1969.

Théâtre 5 : *Théâtre panique - L'Architecte et l'Empereur d'Assyrie* (Architecte). Christian Bourgois éditeur, 1967.

Théâtre 6 : *Le Jardin des délices* (Jardin) - *Bestialité érotique - Une tortue nommée Dostoïevski*. Christian Bourgois éditeur, 1969.

Théâtre 7 : *Théâtre de guérilla - ...Et ils passèrent des menottes aux fleurs* (Menottes) - *L'Aurore rouge et noire - Tous les parfums d'Arabie - Sous les pavés la plage - Les Fillettes* (Fillettes). Christian Bourgois éditeur, 1969.

Théâtre 8 : *Ars amandi*. Christian Bourgois éditeur, 1970.

Théâtre 9 : *Le Ciel et la Merde - La Grande Revue du XXe siècle* (Grande Revue). Christian Bourgois éditeur, 1972.

La Guerre de mille ans (Bella Ciao). Christian Bourgois éditeur, 1972.

Sur le fil ou La Ballade du train fantôme. Christian Bourgois éditeur, 1974.

Jeunes barbares d'aujourd'hui (Jeunes Barbares). Christian Bourgois éditeur, 1975.

Arrabal par Bernard Gille (B. Gille). Seghers. Col. Théâtre de tous les temps, 1970.

Arrabal par Francoise Raymond (Raymond). P.U.F. Col. classique du XX⁰ siècle, 1972.

Arrabal par Jean-Jacques Daetwyler. Ed. La Cité. Col. L'âge de l'homme, 1975, pp. 14 et 34.

2. Voir à ce propos *Théâtre 1*, p. 9 (essai d'Alain Schifres).

3. C.-G. Jung, *Métamorphoses de l'âme et ses symboles*. Éd. Librairie de l'Université, Genève, 1967. Voir p. 84.

4. Jean Boullet, *Symbolique sexuelle*. Éd. J.-J. Pauvert, 1961, p. 64.

5. J.-L. Borges, *Ficciones*. Emece editores, Buenos Aires, 1956. *Tres versiones de Judas*, pp. 174-175 : « Dios totalmente se hizo hombre pero hombre hasta la infamia ; hombre hasta la reprobación y el abismo. Para salvarnos, pudo elegir *cualquiera* de los destinos que traman la perpleja red de la historia ; pudo ser Alejandro o Pitágoras o Rurik o Jesús ; eligió un ínfimo destino : fue Judas. »

6. Les personnages mythiques sont aussi soumis au processus de condensation, voir Tarzan-Quichotte, Christ-Tarzan, Pinicchio-Juliette, centurions, King-Kong Marie-Madeleine, etc. (*Ars amandi*, p. 79). D'après Arrabal, également le marquis de Sade et sainte Thérèse d'Avila ne seraient qu'une seule et même personne (*Le Ciel et la Merde*. p. 88).

On peut rapprocher cette conception de l'idée que Shakespeare se fait de l'homme : « And one man in his time plays many parts. » *As you like it*, acte 2, scène 8.

A. Strindberg a bien senti l'ambiguïté fondamentale du héros shakespearien et ce qu'il dit d'Hamlet s'appliquerait très bien à un personnage d'Arrabal : « Hamlet lui-même ne semble fait que de contradictions : il est à la fois bon et mauvais, il aime et il déteste, il est cynique et enthousiaste, méchant et indulgent, fort et faible, en un mot c'est un homme et un homme qui change d'un instant à l'autre. » *Théâtre cruel* et *Théâtre mystique*. August Strindberg. Gallimard, 1964, p. 223. Et Strindberg, grand défenseur d'un théâtre onirique ajoute : « Les personnages se doublent et se dédoublent, s'évaporent et se condensent. Mais une conscience les domine tous, c'est celle du rêveur. Pour lui il n'y a pas de secrets, pas d'inconséquences, pas de lois. Il ne juge pas, il n'acquitte pas, il relate. » *Id.*, p. 137.

7. A propos du *Cimetière*, F. Tonelli commente : « L'aspect enfantin des personnages met en évidence, me semble-t-il, le rapport entre l'homme et sa destinée, l'homme et la mort, face à la mort l'homme n'est qu'un enfant impuissant, devant un joujou fascinant et mystérieux, c'est là un phénomène qui dépasse l'homme... D'une façon générale, l'homme face à la vie n'est qu'un enfant. » Franco Tonelli, *L'Esthétique de la cruauté.* Ed. A. G. Nizet. Paris, 1972, p. 129.

E. Morin nous paraît apporter une précision en ce qui concerne la vision enfantine et infantile : « Tout ce qui est enfantin est aussi infantile, en rapport avec les stades et les puissances infantiles de l'humanité et ce qui a trait à la mort est ce qu'il y a de plus infantile dans l'homme. » Edgar Morin, *L'Homme et la Mort.* Ed. du Seuil. Col. Points, 1970, p. 135.

8. Fray Luis de Leon : *Noche serena.*

9. Il rappelle qu'Ernest Jones a bâti toute une théorie qui fait du pet l'origine de l'âme. Exagération de psychanalyste, certes ; il faut remarquer toutefois que l'« Anemos » grec est le vent : les tourbillons du vent, chez de nombreuses peuplades sont les esprits des ancêtres. *Op. cit.*, p. 152.

10. Jean-Jacques Daetwyler, *op. cit.*, pp. 14 et 34.

11. Voir Arrabal. B. Gille, p. 57 et F. Raymond, p. 55.

12. Le motif du dépècement apparaît dans de nombreux mythes solaires : à ce propos voir Jung, *op. cit.*, p. 395. En ce qui concerne les rites nocturnes liés au culte de Dyonisos, rappelons que la communion avec le dieu se faisait à travers « le sacrifice de la victime par dépècement (sparagmos) et la consommation de la chair crue (ômophagia) » : il s'agit de la chair d'un animal, incarnation du dieu. *Histoire des croyances et des idées religieuses,* tome I. Mircea Eliade. Payot, 1976.

Dyonisos et le Christ ont une étroite parenté comme le soutient Jung : « Ainsi que déjà Justin le Martyr le laisse entendre avec indignation, les rapports entre la légende chrétienne et celle de Dyonisos sont tels qu'on ne peut s'y méprendre. » *Op. cit.*, p. 656.

13. L'Architecte reproche à l'Empereur : « Tu rêves

toujours la même chose, toujours le jardin des délices, toujours Bosch... » *Architecte*, p. 107.

14. Jung commente le combat d'Horus avec le dragon-baleine : « ... Il est clair que le combat d'Horus est le combat typique du héros solaire avec le dragon-baleine. Or nous savons que ce dernier est une image de la mère terrible, la vorace gorge de mort qui broie et dépèce les hommes. Qui a vaincu ce monstre a gagné par sa victoire une jeunesse nouvelle ou éternelle. Mais, pour ce faire, il faut, bravant tous les dangers, descendre dans le ventre du monstre (voyage aux enfers) et y séjourner un certain temps (« prison nocturne de la mer »). Le combat avec le serpent nocturne exprime donc le triomphe emporté sur la mère à qui l'on impute le crime infamant d'avoir trahi son fils. » (Mythe d'Isis et d'Horus.) *Op. cit.*, p. 422.

On comprend mieux ainsi la résonance du motif de la trahison du fils par la mère dans le théâtre d'Arrabal : l'autobiographie rejoint un grand mythe.

A propos du drame agro-lunaire (mise à mort et résurrection d'un personnage mythique divin, fils et amant de la déesse Lune, voir Gilbert Durand. *Structures anthropologiques de l'imaginaire*. P.U.F., Paris, 1960, p. 321.

15. Les coquettes de l'Antiquité et de la Renaissance appliquaient des colombes éventrées encore chaudes sur leur visage comme masque de beauté (et se lavaient les dents avec de l'urine humaine venue d'Espagne). Voir J. Boullet, *op. cit.*, p. 140.

16. On se souvient du cri d'angoisse de Lady Macbeth : « All the perfumes of Arabia will not sweeten this little hand. » *Macbeth*, acte V, scène 1.

17. Jung, *op. cit.*, p. 498.

18. De même August Strinberg, à qui l'on demandait : « Quels caractères historiques méprisez-vous le plus ? » avait répondu : « On n'a pas le droit de mépriser qui que ce soit. » *Op. cit.*, p. 126.

19. A ce sujet, voir F. Tonelli, *op. cit.*, pp. 42, 43, 44.

20. F. Tonelli, *op. cit.*, p. 50.

21. *Idem.*, p. 64.

22. *Ibid.*, p. 148.

23. Cité par Edgar Morin, *op. cit.*, p. 185.

ARRABAL Fernando (né en 1932). Ecrivain d'origine espagnole, né à Melilla, il vit à Paris depuis 1955. « Le théâtre, a écrit Arrabal, est surtout une cérémonie, une fête, qui tient du sacrilège et du sacré, de l'érotisme et du mysticisme, de la mise à mort et de l'exaltation de la vie. » Tout le théâtre d'Arrabal est dans cette formule. Un théâtre fou, brutal, clinquant, joyeusement provocateur. Un *potlatch* dramaturgique où la carcasse de nos sociétés « avancées » se trouve carbonisée sur la rampe festive d'une révolution permanente. Car, s'il écrit en français, Arrabal a passé son enfance en Espagne, et il a grandi en même temps que la dictature militaire : il a été témoin de la destruction des libertés, de la répression policière, de la corruption des armées et de l'Eglise, de la misère du peuple. Sans avoir cela à l'esprit on ne pourrait comprendre son œuvre. Pour Arrabal, l'Occident est en déclin, et il s'agit d'en précipiter la décomposition en accélérant celle-ci sur la scène, d'en souligner les contradictions dans un immense éclat de rire. Bien sûr, il n'est pas le premier à faire un tel diagnostic : il hérite de la lucidité d'un Kafka et de l'humour d'un Jarry ; il s'apparente, dans sa violence, à Sade ou à Artaud. Mais il est sans doute le seul à avoir poussé la dérision aussi loin. Sous la chaux vive de son cynisme guigno-lesque, le monde familier s'effrite comme un décor de carton-pâte. Le rire devient alors un rituel d'évasion, une catharsis capable de déjouer la peur qui hanta l'enfance du dramaturge. Il y a là une énergie cannibale, un hédonisme de la confusion qu'Arrabal appelle volontiers le « pani-que », tout à la fois un *happening* et un *opera mundi*, une tragédie et une farce, un mélange de répugnant et de sublime, de mauvais goût et de raffinement, de vulgarité et de poésie... C'est ce sens du paradoxe qui fait l'originalité d'Arrabal : le réel ici est toujours magique, et le rêve s'esca-mote sans cesse dans le sordide.

On pourrait donc, après Artaud, parler d'un théâtre de la cruauté, parce que tout y bascule en son contraire. L'amour, par exemple, de *Fando et Lis* (1955) à *Bestialité érotique* (1968), est ici toujours lié à la mort, à l'infirmité, à la violence sadomasochiste, à la destruction de l'autre. Ainsi, dans une pièce comme *Le Grand Cérémonial* (1963), on assiste aux manies expiatoires d'un Casanova hideux qui sacrifie des proies sans défense : chez Arrabal, la femme est souvent à la fois une victime innocente et une putain, telle Mita dans *Le Tricycle* (1953). De même, dans *Le Jardin des délices* (1967), l'amour de l'homme et de l'animal (un gorille monstrueux) s'orchestre selon les pulsions d'un érotisme bestial qui semble sortir de l'enfer de Jérôme Bosch... L'imagination d'Arrabal suscite alors des délires baroques et surréalistes qui sentent parfois la surcharge, même s'ils sont traversés de splendides bouffées lyriques.

Quant aux personnages de ce théâtre, ils sont

constamment déracinés, étrangers, décalés de leur propre destin : les deux petits vieux de *Guernica* (1959), par exemple, passent à côté du massacre comme si cela ne les concernait pas... Sans âge, sans identité véritable, souvent dans la mécanique d'une fiction qu'ils ne peuvent maîtriser. En eux, on retrouve parfois Don Quichotte, mais un Don Quichotte noir, bourré de culpabilité, un pantin victime de la Loi, du Père, du Sur-moi, de l'Ordre. Ce thème apparaît dans *La Bicyclette du condamné* (1959) et dans *Le Labyrinthe* (1967), ou encore dans *L'Architecte et l'Empereur d'Assyrie* (1966), une gesticulation inouïe où s'entre-déchirent deux êtres condamnés l'un à l'autre comme dans un scénario à la Beckett. Mais parfois la plume d'Arrabal quitte le terrain de l'absurde pour des formes d'intervention nettement plus « engagées », directement révolutionnaires : c'est le cas avec *L'Aurore rouge et noire* (1968), une pièce qui intègre quantité de moyens audiovisuels, ou avec *Baal Babylone* (1959), un roman obsessionnel où défile toute la cruauté de l'Espagne franquiste — Arrabal en a tiré un film : *Viva la muerte* (1971).

Réalisme glacial ou onirisme débordant, on ne sait jamais, avec Arrabal, si l'œuvre appartient au fantasme, au ricanement ou au témoignage. Et c'est justement ce qui fait son attrait : elle désoriente, elle provoque. Profondément politique et joyeusement ludique, révoltée et bohème, elle est le syndrome de notre siècle de barbelés et de goulags : une façon de se maintenir en sursis.

Dictionnaire des littératures
de langue française.
(Editions Bordas.)

BIBLIOGRAPHIE DE ARRABAL
Chez Christian Bourgois

THÉÂTRE

THÉÂTRE I
Oraison
Les Deux Bourreaux
Fando et Lis
Le Cimetière des voitures

THÉÂTRE II
Guernica, Le Labyrinthe
Le Tricycle
Pique-nique en campagne
La Bicyclette du condamné

THÉÂTRE III
Le Grand Cérémonial
Cérémonie pour un Noir assassiné

THÉÂTRE IV
Le Couronnement
Concert dans un œuf

THÉÂTRE V
Théâtre panique
L'Architecte et l'Empereur d'Assyrie

THÉÂTRE VI
Le Jardin des délices
Bestialité érotique
Une tortue nommée Dostoïevski

THÉÂTRE VII
Théâtre de guérilla
... Et ils passèrent des menottes aux fleurs
L'Aurore rouge et noire

THÉÂTRE VIII
Deux opéras paniques
Ars amandi
Dieu tenté par les mathématiques

THÉÂTRE IX
Le Ciel et la Merde
La Grande Revue du XXᵉ siècle

THÉÂTRE X
Bella Ciao
La Guerre de mille ans
Sur le Fil ou
Ballade du train fantôme
Jeunes Barbares d'aujourd'hui

THÉÂTRE XI
La Tour de Babel
La Marche Royale
Une orange sur le Mont de Vénus
La Gloire en images

THÉÂTRE XII
Théâtre bouffe
Vole-moi un petit milliard
Ouverture orang-outan
Punk et Punk et Colegram

THÉÂTRE XIII
Mon doux royaume saccagé
Le Roi de Sodome
Le Ciel et la Merde II

THÉÂTRE XIV
L'extravagante réussite de Jésus-Christ
Karl Marx et William Shakespeare
Lève-toi et rêve

THÉÂTRE XV
Les délices de la chair
La ville dont le prince
était une princesse

POÉSIE

La Pierre de la Folie
Cent Sonnets (*Melzer Verlag*)
Humbles Paradis

ROMANS

Baal Babylone, L'Enterrement de la sardine
Fêtes et Rites de la Confusion (*Eric Losfeld*)
La Tour prends garde (*Grasset*)
La Reverdie

DOCUMENTS

Lettre au Général Franco, Le Panique
Sur Fischer : Initiation aux échecs (*Ed. du Rocher*)
Le New York d'Arrabal (*Ed. Balland*)
Les Echecs féeriques et libertaires :
Chronique de l'Express (*Ed. du Rocher*)

Lettre aux communistes espagnols
Lettre à Fidel Castro
Echecs et mythe *(Ed. Payot)*

CHOIX D'OUVRAGES SUR *ARRABAL*

« Arrabal » par Bernard Gille
(Seghers : Coll. : *Théâtre de tous les temps*)
« Arrabal » par Françoise Raymond
(P.U.F. : Coll. : *Classiques du xxᵉ siècle*)
« Entretiens avec Arrabal » par Alain Schiffres
(Ed. Belfond)
Le Théâtre d'Arrabal par Regio Capelo *(Ed. Umana)*
L'Exil et la Cérémonie dans le Premier Théâtre
d'Arrabal *(Bérenguer)* 10/18
« Arrabal » par Jean-Jacques Daetwyler
(La Cité - *L'Age d'Homme*)
Arrabal dirige les cahiers « Le Théâtre »
« The Theater of Arrabal » Thomas John Donahue
(New York University Press)
« Fernando Arrabal » par Bertie Premer-Kayser
(Bucherhaus)
« Arrabal » par Peter L. Podol *(Twayne Publishers)*
« Fernando Arrabal » par A. Berenguer
(Espiral/Figuras Madrid)
Entretiens avec Arrabal :
Plaidoyer pour une différence
(P.U.G.) par Albert Chesneau
Arrabal (cahier du silence) *Kesselring Editeur*
« The Festive play of Arrabal » par Luis Arata
(Kentucky Press)
« Introducción al teatro de Arrabal »
par F. Torres Monreal
(Ed. Godoy)

FILMS RÉALISÉS PAR *ARRABAL*
(*Longs métrages*)

Viva la Muerte
J'irai comme un cheval fou
L'arbre de Guernica
L'odyssée de la Pacific
Le cimetière des voitures

PRIX

« Superdotado », 1942
Lugné Poë, 1965
Grand Prix du Théâtre, 1967
Grand Prix Humour Noir, 1968
Oby (New York), 1976
Premio Nadal (roman), 1983
World's Theater, 1984

TABLE

Bréviaire d'amour d'un haltérophile   7

Apokalyptica   91

La charge des centaures   131

Postface au *Théâtre XVI* par Luce Moreau-
Arrabal   195

Achevé d'imprimer sur les Presses Bretoliennes
27160 Breteuil-sur-Iton
N° d'édition : 738 — N° d'impression : 400
Dépôt légal : Août 1986

TABLE

Bréviaire d'amour d'un haltérophile 7

Apokalypica 91

La charge des centaures 131

Postface au Théâtre XVI par Luce Moreau
Arrabal 195

Achevé d'imprimer sur les Presses Bretoliennes
27160 Breteuil-sur-Iton
N° d'édition : 738 — N° d'impression : 400
Dépôt légal : Août 1986